DIE DONAU

Martin Gostelow
und Elke Frey

JPMGUIDES

Reiche Vogelwelt

INHALT

Faszinierendes Donaudelta

DIE DONAU ENTLANG

Wer denkt beim Namen Donau nicht an den berühmtesten aller Walzer von Johann Strauß, *An der schönen blauen Donau*? Schön ist sie zweifellos, doch verleihen ihr aufgewirbelte Sedimente und so mancher Zufluss eine eher bräunliche Farbe. Der Weg der Donau führt durch Mitteleuropa; an den Ufern bezaubern kleine Orte, Städte und Metropolen mit barocken Kirchen, mittelalterlichen Burgen und Rokokopalästen.

Europas zweitlängster Strom

Die Donau bildet sich aus dem Zusammenfluss der Breg und der Brigach bei Donaueschingen und durchquert nun als Donau noch weitere acht Länder: Österreich, die Slowakei, Ungarn, Kroatien, Serbien, Bulgarien, Rumänien und die Ukraine. Auf einer Strecke von nur 570 m berührt die Donau auch Moldawien, das als Anrainerstaat der Internationalen Donaukommission zählt.

Mit rund 2860 km ist die Donau nach der 3688 km langen Wolga der zweitlängste Strom Europas. Ab Ulm ist die Donau für kleinere, ab Kelheim auch für größere Schiffe befahrbar. Seit der Fertigstellung des Main-Donau-Kanals 1992 entstand eine 3500 km lange Großwasserstraße von der Nordsee bis zum Schwarzen Meer.

Durch Österreich und Ungarn

Bei Passau verlässt die Donau Deutschland in Richtung Österreich. Sie durchquert die Hafenstadt Linz und erreicht nach der Wachau bald die prachtvolle Habsburgerresidenz Wien. Südlich von Bratislava, der stolzen slowakischen Hauptstadt, folgt der nun breite Fluss der ungarischen Grenze, bis er am Donauknie nach Süden abbiegt und durch die Große Ungarische Tiefebene auf Budapest zuströmt.

Nach den Wohn- und Industrievororten von Budapest bewegt sich die Duna durch idyllische Landschaften, entlang von Nationalparks, Puszta und hübschen Städten wie Kalocsa, Baja oder Mohács. Der große Fluss windet sich auf insgesamt 417 km durch Ungarn und wird an der kroatischen Grenze zur Dunav.

Donauföderation

Der Flussabschnitt von Budapest bis zum Schwarzen Meer spielte seit je eine zentrale Rolle, an seinen Ufern standen sich Römer und Daker, später Türken und Habsburger gegenüber. Viele Ortschaften wurden bereits zu römischer Zeit gegründet, mittelalterliche Festungen und mehrere Gedenkstätten zeugen von Kriegen, die hier ausgetragen wurden. Unter der Österreichisch-Ungarischen Monarchie (1683–1918) schienen die Länder am mittleren und unteren Lauf vereint zu sein und es war wohl das einzige Mal, dass sich eine eigentliche »Donauföderation« verwirklichte.

Kleine Namenskunde. Eindeutig ist, dass der Name »Donau« vom lateinischen Danubius abgeleitet wurde; doch diese Bezeichnung hat noch ältere Wurzeln. Sowohl im Keltischen als auch im Altiranischen (Avestisch) gibt es das Wort »Danu« mit der Bedeutung »Fluss« – von diesem indogermanischen Ausdruck sollen auch andere Flussnamen wie Don und Dnjepr abstammen.

Auf ihrem langen Weg zum Delta ändert die Donau mehrmals ihren Namen; so heißt sie in Ungarn *Duna*, in Serbien, Kroatien und Bulgarien *Dunav* und in Rumänien *Dunărea*.

Nebenflüsse und Naturreservate

Auf dem Weg zum Schwarzen Meer durchquert der Strom eine vielfältige Landschaft. In der Großen Ungarischen Tiefebene *(Nagy Alföld)* stoßen wichtige Nebenflüsse zu ihm: die Drau, Theiß und Save. Die Donau hat hier wenig Gefälle und neigt dazu, über die Ufer zu treten. Besonders in den Ebenen, die sie durchfließt – wie im slowakisch-ungarischen Grenzgebiet, dem südlichen Ungarn und dem nördlichen Kroatien – überschwemmen die Flussauen jahreszeitlich; mehrere Nationalparks und Naturreservate bieten hier Unterschlupf für eine artenreiche Tierwelt.

Eisernes Tor

Nach Belgrad erreicht die Donau dank der Eingriffe des Menschen ihre größte Breite und weiter südlich, am Eisernen Tor, erwarten den Reisenden großartige Landschaften: Das 1971 hier errichtete Kraftwerk brachte grundlegende Veränderungen für die Natur mit sich, und machte die Schifffahrt auf der früher gefürchteten »Kataraktenstrecke« viel sicherer.

Bis zum Delta

Nach dem Eisernen Tor tritt der Strom in das Tiefland der Walachei ein; hier ist er auf einer Seite von den bulgarischen Gebirgsausläufern begrenzt, während das gegenüberliegende rumänische

Ufer flach und sumpfig ist. Vor dem Landstreifen der Dobrudscha biegt die Donau nach Norden, bei Galaţi dann wieder nach Osten ab.

Nach dem letzten Flussknie beginnt das Delta, wo der Strom in drei Hauptarmen ins Schwarze Meer mündet. In diesem ausgedehnten Feuchtgebiet findet man eine für Europa einzigartige Flora und Fauna vor.

Völkermosaik

Der gesamte Donauraum bildet ein wahres Völkermosaik. In Rumänien etwa vermischten sich Daker und Römer, in Bulgarien wiederum Slawen und Thraker. Zu den Völkern, die hier die Kultur mitprägten, gehören aber auch die Deutschen. Im 12. Jh. holte sich der ungarische König Géza Sachsen nach Siebenbürgen, und im 18. Jh. kamen auf Veranlassung von Kaiserin Maria Theresia Deutsche an den Unterlauf der Donau, um hier verödete Landstriche zu bebauen. Die politischen Veränderungen des 20. Jh. zwangen viele Siedler allerdings später, wieder in ihre ehemalige Heimat zurückzukehren.

Huber/Schmid

Huber/Schmid

istockphoto.com/ene

istockphoto.com/Rus

Der Donau-Quelltopf im Schlosspark von Donaueschingen. | Blick auf das hübsche Stein an der Donau. | Die imposante Kettenbrücke in Budapest. | Blühende Seerosen im Donaudelta.

Eifriges Gespräch am stillen Gestade der »Dreiflüssestadt« Passau; hier am Inn.

Jean-Paul Minder

RÜCKBLENDE

Vor rund 250 000 Jahren wurde der »Urungar« (*homo palaeohungaricus*) im mittleren Donautal (dem heutigen Ungarn) sesshaft, angezogen von reichen Wasservorräten und Wildbeständen – und vielleicht sogar von den Thermalquellen, die noch heute beliebt sind.

Anfänge des Flusshandels
Bereits in der Jungsteinzeit (um 6000 v. Chr.) wurde entlang der Donau Handel getrieben. Die Ureinwohner des heutigen Bulgariens, die Thraker, besiedelten um 1000 v. Chr. den Raum zwischen dem unteren Donaulauf und der nördlichen Ägäis. Im 7. Jh. stießen griechische Seefahrer bis zum Donaudelta vor und erkundeten das Gebiet flussaufwärts – so begann der Flusshandel.

Keltische Stämme ließen sich gegen 600 v. Chr. an der Save und im oberen Donautal, dem heutigen Süddeutschland, nieder. Sie errichteten im 3. Jh. v. Chr. an der Stelle des späteren Belgrads eine Festung.

Um 120 v. Chr. kam es zum Niedergang der keltischen Macht, die durch Römer, Germanen und iranische Sarmaten bedrängt wurde. Auf dem Gebiet des heutigen Rumäniens entstand das Königreich der Daker.

Auftritt der Römer
Nachdem die Römer unter Kaiser Augustus 27 v. Chr. das Donautal erobert hatten, bildete der Fluss, den sie Danubius – im Unterlauf Ister – nannten, die nördliche Reichsgrenze. Jenseits davon lebten Stämme, die von den Römern als »Barbaren« bezeichnet wurden, darunter Kelten, Pannonier und Illyrer. Entlang des Danubius entstand ein militärisches Sicherungssystem, der Limes (Grenzwälle), der Invasionen der Barbaren abhalten sollte. Gut 20 000 römische Soldaten wurden zwischen Wien und Budapest stationiert, an anderen Orten noch mehr.

Auf dem Wasser patrouillierte eine römische Flotte, und an strategischen Orten wurden am Ufer Bollwerke errichtet. Diese wuchsen bald zu blühenden Städten heran, darunter Castra Regina (Regensburg), Vindobona (Wien), Aquincum (Budapest), Singidunum (Belgrad) und Sexantaprista (Russe). Weitere bedeutende Festungen am Fluss wie Ratiaria (Vidin) und Nicopolis ad Istrum (Nikopol) wurden an den Mündungen von Nebenflüssen erbaut.

106 n. Chr. besiegte Kaiser Trajan die Daker und herrschte nun über die gesamte Donau sowie über ausgedehnte Landstriche nördlich davon, die etwa dem heutigen Rumänien und der Republik Moldau entsprechen. Sein Nachfolger Hadrian unternahm keine Eroberungszüge und konzentrierte sich auf die Verwaltung und Verteidigung seines riesigen Reichs. Im 3. Jh. stießen Goten nördlich des Schwarzen Meers nach Süden und zur Donau vor und überquerten den Fluss.

Erst der römischen Armee unter Kaiser Gallienus und den künftigen Herrschern Claudius II. und Aurelian gelang es, die Goten 269 in der Schlacht von Naissus (heute Niš in Serbien) zu besiegen. Die Sieg war so bedeutend, dass man die Grenze gegen die Goten und Sarmaten während einem Jahrhundert kaum verteidigen musste.

Einwanderer von nah und fern

Neben großen Invasionen von Eroberern kam es auch zu eher friedvoller Einwanderung, bei der ganze Völker, die vor den kriegerischen Hunnen flohen, sich innerhalb des Reichs niederließen.

Im 4. und frühen 5. Jh. kamen zahlreiche Goten und andere germanische Stämme in das Donaugebiet und schwächten das Römische Reich.

Noch schlimmer waren jedoch die Invasionen der von Attila angeführten Hunnen aus den Steppen Asiens, die im 5. Jh. über den Südosten Europas herfielen und bis ins Herz des späteren Italien vordrangen.

Im 6. und 7. Jh. breiteten sich Slawen aus Osteuropa nach Westen und Süden aus und vermischten sich auf dem Gebiet des heutigen Bulgariens mit der thrakischen Bevölkerung.

Karl der Große und Magyaren

Kaiser Karl der Große (König der Franken 768—814, der Longobarde 774–814 und römischer Kaiser von 800—814) brachte im 8. Jh. große Teile West- und Zentraleuropas unter seine Herrschaft; er vertrieb die Goten und die Nachkommen der Hunnen. Dafür ließen sich die Magyaren (aus der Gegend zwischen Wolga und Ural) und türkische Petschenegen im heutigen Ungarn nieder.

Im 10. Jh. vereinigten sich zehn Völker – sieben ungarische und drei chasarische –, um gemeinsam gegen Petschenegen, Russen und Bulgaren zu kämpfen. Zum Anführer wurde Prinz Arpád ernannt, das Oberhaupt der Magyaren.

Christentum

Prinz Géza, ein Urenkel Arpáds, leitete 975 die Christianisierung Ungarns ein; dadurch wurde die Donau für Pilger, die ins Heilige Land zogen, zu einem relativ sicheren Durchgangsweg. Gézas Sohn Stephan wurde im Jahr 1000 zum ersten ungarischen König gekrönt. Nach seinem Tode wurde er heiliggesprochen und zum Schutzheiligen des Landes erklärt.

1096 nutzten deutsche und französische Kreuzritter den Fluss für ihre Raubzüge durch Österreich und Ungarn, um Konstantinopel und Jerusalem vor dem Islam zu »retten«. Es kam dabei zu zahlreichen Gefechten, ja sogar Schlachten mit der einheimischen Bevölkerung. Spätere Kreuzzüge brachten den Städten am Donauufer einen gewissen wirtschaftlichen Aufschwung. Der englische König Richard Löwenherz wurde 1192 auf seinem Rückweg aus Palästina in der Burg von Dürnstein eingekerkert. 1396 sammelte sich im sogenannten »Letzten Kreuzzug« eine Armee aus 100 000 Deutschen, Franzosen, Ungarn, Polen, Böhmen, Italienern und Spaniern in Budapest und bewegte sich donauabwärts, wurde jedoch bei Nikopol (im heutigen Bulgarien) von den Osmanen vernichtend geschlagen.

János Hunyadi, der Vizekönig von Ungarn, vereitelte 1456 bei Nándorfehérvár (heute Belgrad) eine türkische Invasion; er starb im selben Jahr, vermutlich an der Pest. Sein ältester Sohn wurde bald danach ermordet, und sein zweiter Sohn Mátyás, der erst 15-jährig war, wurde von den ungarischen Adligen zum Thronfolger bestimmt. Der als »der Gerechte« bekannte Matthias Corvinus regierte 1458–90 und förderte Wissenschaften und Künste.

istockphoto.com/Palis

Die beeindruckende Ruine der Burg Devín in der Nähe von Bratislava (Slowakei).

Die Osmanen

Im 16. Jh. wurde die Donau zur Route eines Kreuzzugs unter anderem Vorzeichen, als die Türken unter Suleiman dem Prächtigen den Islam vom Schwarzen Meer aus in Richtung Westen zu verbreiten suchten. Nach der Schlacht von Mohács (1526) fiel Ungarn für 150 Jahre an die Osmanen. Auch Serbien, Bosnien und Teile Rumäniens befanden sich unter osmanischer Herrschaft. Es ge-

istockphoto.com/Moisei

Freske in der orthodoxen Peter und Paul-Kathedrale in Constanţa.

lang den Osmanen jedoch nicht, Wien einzunehmen, obwohl sie die Stadt 1529 und 1683 belagerten. Später eroberten die Habsburger Gebiete zurück: 1687 Ungarn, 1691 Transsilvanien. Der Friede von Karlowitz (Sremski Karlovci) beendete 1699 den Krieg gegen die Türkei und machte Österreich zur wichtigsten Macht im Donauraum.

Habsburg hält Stand

Unter Maria Theresia (1740–80) waren die Donauvölker vereint. Die Kaiserin ließ die nach der Vertreibung der Türken verödeten Gebiete mit Deutschen besiedeln. Diese nahmen sich des Ackerbaus an, entwickelten Handel und Gewerbe, bauten Dörfer und Städte.

Die Osmanen waren nicht endgültig besiegt; sie herrschten weiterhin über große Teile des Balkans. Doch Russland besetzte 1768–74 im Russisch-Türkischen Krieg die Fürstentümer Moldau und Walachei, und im Frieden von Svištov gewann Österreich 1791 den Pass des Eisernen Tores bei Orsova an der Donau. Russland führte weitere Kriege gegen die Türkei, einige davon in der Donauregion. Im Vertrag von Adrianopel (Edirne) von 1829 wurde beinahe das gesamte Donaudelta an Russland abgetreten.

Im selben Jahr 1829 wurde auch die Donau-Dampfschifffahrtsgesellschaft (DDSG) gegründet, die ihren Betrieb mit der Strecke Wien–Budapest aufnahm. Sie blieb bis zum 1. Weltkrieg die größte Binnenschifffahrtsgesellschaft der Welt. Im Frieden von Paris –1856 –verlor Russland am Ende des Krimkriegs die Kontrolle über die Schifffahrt auf der unteren Donau – diese stand nun dem internationalen Verkehr offen. Um Überschwemmungen zu verhindern, wurde der Verlauf der Donau bei Wien 1870 saniert, sie fließt seither nördlich des Stadtzentrums in Richtung Slowakei.

1877 lancierte der russische Zar Alexander II. einen weiteren Krieg gegen die Osmanen – mit dem erklärten Ziel, Bulgarien zu befreien. Nach einer fünfmonatigen Belagerung und schweren Verlusten auf beiden Seiten fiel das türkische Bollwerk Pleven an die Russen, und Bulgarien wurde 1878 unabhängig.

Das Ende der Donaumonarchie

Am Ende des 1. Weltkriegs brach die Donaumonarchie zusammen. Ungarn und die Tschechoslowakei wurden unabhängig, das neue Königreich der Serben, Kroaten und Slowenen (das spätere Jugoslawien) vereinte einen großen Teil des Balkans. Nachdem schon seit 1856 eine Europäische Donaukommission bestand, wurde 1921 auch die Internationale Donaukommission gegründet, die den Flussverkehr von Ulm bis zum Schwarzen Meer überwachen und Schiffszubehör und -ausrüstung instand halten sollte. Beide wurden 1940 aufgelöst.

2. Weltkrieg und Folgezeit

Im 2. Weltkrieg wurde die Donau zur Front. Deutsche Seestreitkräfte gelangten auf dem Strom bis ins Schwarze Meer. Die siegreiche Sowjetarmee besetzte 1944 Budapest, Belgrad, Siebenbürgen, die Walachei und das Banat. Im Anschluss an den Weltkrieg wurden in den Ländern Zentraleuropas und im Balkanraum kommunistische Regimes eingeführt.

Österreich war bis 1955 in vier Zonen aufgeteilt (Sowjetunion, Frankreich, USA, Großbritannien); dann wurde es dank des Staatsvertrags zur unabhängigen und neutralen Nation. Sieben Donau-Anrainerstaaten hatten die Donaukommission 1948 aufleben lassen. 1960 wurde Österreich, erst 1999 auch Deutschland aufgenommen. Gründungsmitglied Russland liegt nicht mehr an der Donau, verblieb aber in der Kommission mit elf Mitgliedstaaten.

Der Zerfall Jugoslawiens und EU

Der Fall der Berliner Mauer 1989 brachte Veränderungen. Die einstigen Ostblockstaaten warfen das kommunistische Joch ab; den meisten gelang ein Übergang zu einem mehr oder weniger demokratischen Regime. Die traurige Ausnahme war Jugoslawien, wo nationalistische, ethnische und religiöse Spannungen zum Zerfall des Staatenbundes führten, was für große Teile der Bevölkerung tragische Folgen hatte. 1999 lancierte Serbien, der größte der sechs Teilstaaten, allen internationalen Warnungen zum Trotz einen Angriff auf die rebellische Provinz Kosovo. Im Gegenzug bombardierte die NATO Serbiens Donaubrücken, wodurch der Unterlauf des Flusses mehrere Jahre lang nicht befahrbar war; inzwischen wurden alle Brücken neu aufgebaut. Der Betrieb konnte wieder aufgenommen werden – samt den Flusskreuzfahrten bis zum Schwarzen Meer.

Die meisten Länder an der Donau gehören der EU an: Ungarn und die Slowakei traten 2004 bei, Rumänien und Bulgarien 2007. Kroatien wurde am 1. Juli 2013 der 28. EU-Mitgliedstaat.

Eingerahmt von Weinbergen, überblickt die Festung Marienberg den Main.

istockphoto.com/Khirman

UNTERWEGS

Genießen Sie die Flusskreuzfahrt! Die Reise auf der Donau führt durch mehrere Länder Mittel- und Osteuropas. Felder, Wälder, Weingärten und Naturparks sowie malerische Dörfer und Städte ziehen langsam am Ufer vorbei. Begegnen Sie unterwegs grundverschiedenen Menschen und lassen Sie sich auf Ausflügen mehr über Land und Leute erzählen.

Von Würzburg bis Passau

Flusskreuzfahrten auf der Donau beginnen oder enden manchmal bereits auf dem Main, in Würzburg, oder am Main-Donau-Kanal, in Bamberg, Nürnberg oder Regensburg.

Würzburg

Der altehrwürdige Bischofssitz Würzburg (km 252) ist vom fränkischen Weinland umgeben. Rebstöcke bedecken die Hänge bis zur **Festung Marienberg** hinauf, die vom anderen Mainufer die Stadt überblickt. In der Renaissanceburg dokumentiert das **Mainfränkische Museum** die Heimatgeschichte der Gegend; beliebt sind die Kunstwerke des Bildhauers Tilman Riemenschneider (1460–1531), der knapp 50 Jahre in Würzburg wohnte und wirkte.

Altstadt

Über die **Alte Mainbrücke** (15. Jh.) gelangen Sie am rechten Mainufer direkt in die hübsche Altstadt. Bereits um 1120 soll an der Stelle die erste deutsche Steinbrücke errichtet worden sein.

Neumünster

Ein bewundernswertes Barockwerk ist die im 18. Jh. geschaffene Fassade dieser Kirche, die als wichtige Stätte des Christentums der Franken gilt. Der Rundbau birgt eine Madonna von Tilman Riemenschneider sowie das Grab des hl. Kilian, der 689 in Würzburg hingerichtet wurde.

Dom St. Kilian

Der Dom ist dem irischen Heiligen Kilian gewidmet. Seit der Renovierung von 2012 sind die Skulpturen von Tilman Riemenschneider wieder zu bewundern.

Das **Museum am Dom** zeigt Werke, die ein Jahrtausend umspannen.

Die **Marienkapelle** (14. Jh.) überragt den Platz **Unterer Markt**. Sie birgt Grabmäler bedeutender Bürger und fränkischer Ritter, obwohl sie mehrmals renoviert wurde, das letzte Mal nach 1945.

Östlich davon können Sie am **Falkenhaus** die schönste Rokokofassade Würzburgs bewundern.

Residenz

Mit dem Palast der Fürstbischöfe (von Balthasar Neumann und Lukas von Hildebrandt entworfen und 1744 vollendet) sehen Sie einen der schönsten Barockpaläste des Landes. Er zählt zum Weltkulturerbe der UNESCO. Der Venezianer Giambattista Tiepolo (1696–1770) gestaltete die Fresken über dem Treppenhaus und im **Kaisersaal**.

Das **Spiegelkabinett** von 1745 wurde ab 1979 während acht Jahren renoviert; diesen Prunksaal sollten Sie sich nicht entgehen lassen.

Ein Meisterwerk Neumanns ist ebenfalls die lichtdurchflutete **Hofkirche**, in der Tiepolo zwei Seitenaltäre ausmalte.

Ochsenfurt

Rund 20 km mainaufwärts von Würzburg gelangt man nach Ochsenfurt (km 271), dessen Stadtmauer auf das 14. Jh. zurückgeht. Besonders hübsch sind die alten Fachwerkhäuser mit ihren schmiedeeisernen Aushängeschildern an der Hauptstraße. Hier steht auch das alte spätgotische **Rathaus**, dessen Spieluhr als Ochsenfurts Wahrzeichen gilt. Die **Andreaskirche** (13.–15. Jh.) besitzt einen reich geschmückten Innenraum mit einer Skulptur Riemenschneiders. Die Stadt hält in vielen Volksfesten an fränkischen Traditionen fest.

Bamberg

Am Hafen von Bamberg beginnt die Kilometerzählung des Main-Donau-Kanals (km 0). Von hier ist es nicht weit bis zum hübschen Stadtkern, aufgeteilt in Insel-, Bergstadt und Gärtnerstadt (des einst regen Gemüseanbaus wegen). Ohne sie wäre 1993 die Ernennung zum Weltkulturerbe der UNESCO nicht erfolgt.

Bergstadt

Einst kaiserliche Residenz, ist die Altstadt von Werken Riemenschneiders und der Architektenfamilie Dientzenhofer geprägt.

Am **Kaiserdom St. Peter und St. Georg** lässt sich der Übergang von der Romanik zur Gotik verfolgen; der Innenraum birgt das Grabmal Kaiser Heinrichs II. und seiner Gattin. Sehenswert ist auch die gotische Sandsteinskulptur des »Bamberger Reiters« (13. Jh.).

ROTHENBURG OB DER TAUBER

Dieser Ort südlich von Würzburg gilt als Inbegriff einer deutschen Stadt des Mittelalters.

Der Stadtrundgang beginnt am **Marktplatz**. In der **Ratstrinkstube** ist heute die Touristeninformation untergebracht. Die Figuren der Kunstuhr (1910) treten von 10–22 Uhr zu jeder vollen Stunde in Aktion. Achten Sie auch auf den **St. Georgsbrunnen** (1608); dies war einer der Ziehbrunnen, durch den man Trink- und Löschwasser in die Stadt hinaufpumpte. Das **Rathaus** ist ein Symbol für den Bürgerstolz während Rothenburgs Blütezeit im Mittelalter und der Renaissance. Der Rathausturm bietet von einer Plattform in 52 m Höhe (220 Stufen sind zu bewältigen) eine herrliche Aussicht. Der Bau der gotischen **St.-Jakobskirche** (1311) wurde 2011 aufwändig renoviert. Zu sehen ist die »Heilig-Blut-Reliquie« von 1505, ein Meisterwerk von Riemenschneider. Ein über 750-jähriges Kloster neben dem Bettelvogtsturm beherbergt das **Reichsstadtmuseum**. Von der Burg der Hohenstaufen ist außer dem imposanten **Burgtor** (1360) nichts übrig geblieben; durch das Tor gelangen Sie in den Burggarten mit schönem Rundblick. Das **Plönlein**, umgeben von Fachwerkhäusern, gilt als einer der romantischsten und schönsten Plätze der Stadt. Die beste Sicht auf die intakten **Stadtmauern** bietet sich vom alten **Spital** und der **Spitalbastei** (17. Jh.) am südlichen Stadtrand.

Dominique Michellod

Am Domplatz stehen die spätgotischen Wohnbauten der **Alten Hofhaltung** mit dem **Historischen Museum**, das Kunst- und Kultursammlungen zeigt. Die **Neue Residenz**, ein frühbarocker Bau von Dientzenhofer, steht dem Dom gegenüber. Vom **Rosengarten** bietet sich ein schöner Blick auf das **Kloster Sankt Michael**, eine ehemalige Benediktinerabtei.

Das Prunkstück des **Diözesanmuseums** am Domplatz 5 ist der bestickte Sternenmantel Kaiser Heinrichs aus dem 11. Jh.

Inselstadt

Bei der »Oberen Brücke« steht das **Alte Rathaus** (18. Jh.), wo kostbare Porzellanobjekte der Sammlung Ludwig ausgestellt sind. Am rechten Regnitzufer breitet sich der malerische Fischerbezirk **Klein-Venedig** aus. Probieren Sie hier die herzhafte fränkische Küche und dazu ein echtes Rauchbier, eine Bamberger Spezialität.

Gärtnerstadt

Das **Gärtner- und Häckermuseum** gibt Einblick in über 600 Jahre Geschichte der Gärtner und Häcker (fränkischer Name für Winzer), die mit Gemüse, Samen und Süßholz (teilweise eine Monopolstellung) regen Handel trieben. Die Bamberger tragen den Spitznamen »Zwiebeltreter« – ein weiteres wichtiges Produkt.

Bayreuth. Die am »Roten Main« gelegene Bezirkshauptstadt Oberfrankens ist in erster Linie für ihre alljährlichen »Richard-Wagner-Festspiele« bekannt, die der Komponist 1876 selbst eröffnete. Das jüngst umfassend renovierte Haus Wahnfried, das Wohnhaus Wagners, beherbergt heute das **Richard-Wagner-Museum Bayreuth (RWM).**

In Bayreuths Altstadt sind schöne Barock- und Rokokobauten zu sehen, darunter das 1753–1758 erbaute **Neue Schloss** und das seit 2012 zum UNESCO-Welterbe ernannte **Markgräfliche Opernhaus**, eines der prachtvollsten Barocktheater Europas (es wird derzeit renoviert und bleibt voraussichtlich bis 2018 geschlossen, Führungen mit einem Einblick in die Bauarbeiten sind auf Anfrage möglich).

istockphoto.com/Domes

Main-Donau-Kanal

1992 wurden die kühnen Träume Karls des Großen und Ludwigs I. von Bayern Wirklichkeit: Der 171 km lange Main-Donau-Kanal (MDK) wurde zwischen Bamberg und Kelheim als letztes Verbindungsstück der 3500 km langen Großschifffahrtsstraße zwischen der Nordsee und dem Schwarzen Meer eröffnet. Die 190 m lange Schleuse schafft bei Kelheim den Übergang vom Kanal zur Donau.

JPM Guides

Reich verzierte Fassade des Alten Rathauses – ein Wahrzeichen Bambergs – inmitten der Regnitz.

Bereits Ende des 8. Jh. begann man auf Drängen Karls des Großen mit dem Bau des Kanals »Fossa Carolina« – eine beachtliche technische Leistung für die damalige Zeit, doch wurde der Kanal vermutlich bereits kurz nach dem Bau wieder aufgegeben. Erst nach dem Dreißigjährigen Krieg und durch die später vorangetriebene industrielle Revolution wurde wieder mit Planungen begonnen.

Es dauerte noch bis 1846, bis der 172,4 km lange »Ludwig-Donau-Main-Kanal«, der als Vorläufer des Main-Donau-Kanals gilt, eröffnet werden konnte. Aufgrund seiner Breite konnte er mit dem ständig größer werdenden Eisenbahnnetz allerdings nicht konkurrieren – 1950 wurde er aufgegeben und schließlich überbaut.

1922 wurde mit der »Mindorf-Linie« ein erneuter Versuch gestartet, doch kamen die Arbeiten in der Kriegszeit erneut zum Stillstand; erst 1960 konnte mit dem Ausbau der Wasserstraße wieder begonnen werden.

1972 konnte die »Nordstrecke« zwischen Bamberg und Nürnberg eingeweiht werden und 1976 war die erste Teilstrecke bis Forchheim beendet. Es dauerte noch bis 1992, rund 32 Jahre nach Baubeginn, bis das letzte Teilstück bei Kelheim freigegeben werden konnte.

Zwar ist die Bedeutung des Kanals für den Güterverkehr heutzutage nicht mehr so hoch, wie manche Bauherren es sich einst erhofft hatten (im Jahr 2014 wurden nur noch ca. 4,8 Mio. Tonnen an Gütern befördert); aber dank der modernen Passagierschiffe blüht der Flusstourismus; diese Ecke Bayerns, das Frankenland und der Süden Hessens haben viel zu bieten.

TREPPAUF, TREPPAB

Im Südostzipfel Deutschlands schafft die mit viel Respekt in die Landschaft eingebaute und faszinierende Schleusentreppe des Main-Donau-Kanals (MDK) die Verbindung zwischen der Donau (über die Fränkische Alb bis nach Bamberg) und dem Main. Fünf Stufen meistern von Ost nach West ab Kelheim auf einer Distanz von 55 km den Aufstieg von knapp 68 Metern bis nach Bachhausen, wo der Kanal auf einer Länge von 16,5 km bis nach Hilpoltstein die höchste Scheitelhaltung eines schiffbaren Kanals dieser Größe in Europa hält. Hier passieren die Schiffe auch die Wasserscheide zwischen Rhein und Donau. Die Schleuse von Hilpoltstein leitet den Abstieg ein.

Nach weiteren, auf 100 km verteilte elf Stufen erreichen die Schiffe Bamberg.

Die kürzeste Staustufe misst 3,7 km, die längste 20,43 km. Die Fallhöhen variieren zwischen 5,3 m und bis zu 24,5 m und bewältigen insgesamt eine Höhendifferenz von 165 m. Die 16 Schleusen werden dabei von lediglich vier Fernsteuerungszentralen bedient.

Ab Bamberg Hafen, 230 m ü. M., geht es nun weiter auf dem Main, welcher sich in westlicher Richtung in unzähligen Windungen durch herrliche Landschaften, Orte und Städte schlängelt. Sein Ziel ist das 388 km entfernte Mainz-Kostheim, wo er auf den Rhein trifft. 34 Staustufen reihen sich aneinander und überwinden insgesamt ein Gefälle von etwa 157 m, mit Fallhöhen zwischen 2,36 m und 7,6 m. Beinahe alle Schleusen sind mit Wasserkraftwerken verbunden, aber auch mit Fischtreppen. Die kürzeste Stauhaltung misst 5,11 km, die längste 18,8 km.

Vergleicht man die beiden Enden (oder Anfänge) der Wasserstraße, stellt man fest, dass der Rhein bei Mainz um 263 m tiefer liegt als die Donau bei Kelheim.

Großartig ist, wie harmonisch sich die durchdachten Anlagen und deren technische Leistungen mit der Natur vereinen und einen fast lautlosen und friedlichen Verkehrsweg bieten. Ein landschaftliches Erlebnis abseits von Rummel und Hektik.

fotolia.com/Bmbwebdesign

Nürnberg

Nürnberg, nach München die zweitgrößte Stadt Bayerns, beherrscht mit 520 000 Einwohnern (1,2 Mio. im Ballungsgebiet) die Region Franken. Historische Gebäude, Kirchen und Museen laden zur Besichtigung ein.

Kaiserburg

Heinrich III. ließ die Kaiserburg im Jahr 1050 errichten, danach wurde sie mehrfach umgebaut. Im **Kaisersaal** zeugen 24 Wappenschilder von der Macht des Habsburgerreichs. Die romanische Doppelkapelle im Heidenturm umfasst die **Kaiserkapelle** und die **Margarethenkapelle**.

Altstadt

Gegenüber dem **Tiergärtnertor** steht das **Albrecht-Dürer-Haus**, das der Maler 1509 erwarb und bis zu seinem Tod 1528 bewohnte. In der Burgstraße 15 befindet sich das **Stadtmuseum Fembohaus**. Beachten Sie auf dem Rathausplatz das 1616 erbaute **Rathaus** und den **Gänsemännchenbrunnen**. Auf der anderen Seite des Platzes steht die **Sebalduskirche** (13./14. Jh.). Im **Spielzeugmuseum** eröffnet sich die Vielfalt historischen und High-Tech-Spielzeugs. Dank des Wiederaufbaus erhielt die **Frauenkirche** am Hauptmarkt ihre ursprüngliche Gestalt aus dem 14. Jh. zurück. Beachten Sie auf dem Vorplatz den **Schönen Brunnen**.

An der Pegnitz und weiter südlich

Direkt an der Pegnitz steht das gotische **Heilig-Geist-Spital** (heute ein Restaurant mit Weinstube). Das **Nassauer Haus** an der Königsstraße ist eines der besterhaltenen Turmhäuser des Mittelalters. Ihm gegenüber erheben sich die zwei Türme der **Kirche St. Lorenz** (ab 1250 erbaut).

Das **Germanische Nationalmuseum (GNM)** am Kornmarkt zeigt Werke u. a. von Dürer, Altdorfer, Cranach und Holbein sowie Martin Behaims »Erdapfel« (1490), der älteste erhaltene Globus. Die 1993 von Dani Karavan gestaltete »Straße der Menschenrechte« führt zum Museumseingang.

In der Nähe des Hauptbahnhofs befindet sich das **Neue Museum – Staatliches Museum für Kunst und Design**, das angewandte und freie Kunst von 1950 bis heute zeigt.

Das Gebäude in der Lessingstraße 6 vereint das **DB Museum** (Firmenmuseum der Deutschen Bahn AG) und das **Museum für Kommunikation**. Auch das **Museum Industriekultur** (Äußere Sulzbacher Straße 62) lohnt einen Abstecher.

In der nie vollendeten Kongresshalle an der Bayernstraße 110 widmet sich das **Dokumentationszentrum Reichsparteitagsgelände** der Geschichte des Nationalsozialismus und der Reichsparteitage (Audioguides stehen in mehreren Sprachen zur Verfügung).

Berching
Das kleine Berching (km 121) zeigt sich dem Besucher in mittelalterlichem Gewand. Die Festungsmauern (um 1450) mit 13 Türmen und 4 Toren sind intakt.

Riedenburg
Der heutige Luftkurort (km 152) stieg im Schutze dreier Burgen im 13. Jh. zu einer Marktstadt auf. Der Jagdfalkenhof auf **Schloss Rosenburg** (1112) veranstaltet täglich (außer Mo.) Darbietungen mit großen Raubvögeln; das **Kristallmuseum** zeigt eine reich bestückte Mineralienausstellung.

Riedenburg gehört zum rund 3000 km^2 großen **Naturpark Altmühltal**, dem drittgrößten Naturpark Deutschlands.

Kelheim
Die um 1200 gegründete Stadt (km 2415) besitzt noch Reste ihrer Festungsmauern und Stadttore. Sehenswert sind die Fassaden der barocken Bürgerhäuser, die **Stadtpfarrkirche Mariä Himmelfahrt**, die evangelische Kirche **St. Matthäus** und das **Weiße Bräuhaus**, eine der ältesten noch erhaltenen Weißbierbrauereien Bayerns von 1607. Westlich von Kelheim thront auf dem Michelsberg die 45 m hohe **Befreiungshalle**, die König Ludwig I. von Bayern um 1863 zur Erinnerung an die Freiheitskriege gegen Napoleon errichten ließ.

Auf der Donau bis Österreich
Ab Kelheim wogen Sie nun auf der Donau. Sie schlängelt sich durch liebliche Landschaften bis nach Passau.

Kloster Weltenburg
Am **Donaudurchbruch** durch die Fränkische Alb steht das Benediktinerkloster Weltenburg; hier soll im 7. Jh. die Christianisierung Bayerns ihren Anfang genommen haben. Die Stiftskirche wurde 1716 von den Gebrüdern Asam begonnen; weltliche Genüsse verspricht ein Bier aus der klostereigenen Brauerei.

Regensburg
Regensburg (km 2380) hat, wie Bamberg, den Krieg unversehrt überstanden und zeigt sich in seiner historischen Pracht. Die Stadt gehört seit 2006 zum Weltkulturerbe der UNESCO.

Historisches Regensburg
Regensburg geht auf die Römer zurück; aus diesen Tagen stammen die vermauerten Reste der mächtigen **Porta Praetoria**. Im 8. Jh. wurde das Bistum gegründet, seit dieser Zeit hielt man hier Reichs- und Fürstentage ab.

Am Donauufer
Die **Steinerne Brücke** aus dem 12. Jh., eine der ältesten erhaltenen Brücken Deutschlands, grüßt als Wahrzeichen der Stadt. Ähnliche

Wichtigkeit hat die historische **Wurstkuchl**, sie soll die älteste Bratwurststube in Deutschland sein! Das **Donau-Schiffahrtsmuseum** ist auf zwei historischen Donauschiffen eingerichtet; es bietet Vorführungen der Dampfmaschinen und Dieselmotoren an.

2018 soll zum 100. Geburtstag der Ausrufung des »Freien Volksstaates Bayern« am Flussufer das **Museum der Bayerischen Geschichte** eröffnet werden.

Altstadt

Das Stadtbild beherrscht der beeinruckende **Dom St. Peter** mit zwei 105 m hohen Türmen. Er birgt mehrere Kunstschätze. Der schönste Profanbau der Altstadt ist jedoch das **Alte Rathaus**, in dem das Reichstagsmuseum untergebracht ist. Die **Basilika St. Emmeram** des ehemaligen Benediktinerklosters geht auf das 8. Jh. zurück; sie verdankt ihr prunkvolles barockes Inneres den Brüdern Asam. Das Kloster gehört seit 1748 zum gleichnamigen Schloss, der Residenz der Fürsten von Thurn und Taxis.

Walhalla

Flussabwärts ragt eine gewaltige Nachbildung des Parthenons in Athen über dem Main-Donau-Kanal auf: die Walhalla, ein 1842 für Ludwig I. von Bayern erbauter weißer Marmortempel mit Büsten berühmter Deutscher.

fotolia.com/Vieraugen

Das Benediktinerkloster Weltenburg am Donaudurchbruch.

Straubing

Die gemütliche Stadt Straubing (km 2320) liegt im fruchtbaren Dungau (Gäuboden), dem Herzen der bayrischen Kornkammer. Jedes Jahr im August findet hier das elftägige, ausgelassene »Gäubodenvolksfest« statt.

Die Altstadt bietet ein malerisches Bild: Auf dem Hauptplatz steht der **Stadtturm** aus dem 14. Jh. mit fünf Spitztürmchen.

Am **Theresien-** und **Ludwigsplatz** sind elegante Patrizierhäuser zu sehen. Eine der schönsten Kirchen ist die von den Gebrüdern Asam erbaute **Ursulinenkirche**.

Etwas außerhalb der Stadt findet man das älteste Gotteshaus Straubings, die **Peterskirche** (um 1180). Eine der drei Kapellen ist Agnes Bernauer gewidmet. Ihrer heimlichen Heirat mit Herzog Albrecht III. von Bayern wegen ließ sie der Vater des verliebten Herzogs als Hexe in der Donau ertränken.

Bei Schlögen macht die Donau eine spektakuläre Schleife.

Huber/Gräfenhain

Von Passau bis Wien

Bevor die Donau Deutschland verlässt und durch österreichische Lande fließt, gesellen sich zwei »Geschwister« zu ihr: aus dem Süden der Inn und von Norden her die Ilz. Anhänger des Inns halten fest, dass dieser blauer sei als die Donau und daher mehr Anspruch darauf hätte, im Walzer von Johann Strauß aufzutreten. Am Zusammenfluss der drei Wasserläufe liegt Passau – Start und Ziel vieler Donaufahrten in Richtung der Wachau und Wien.

Passau

Der alte Bischofssitz Passau (km 2227) war schon immer voller Lebensfreude; religiöse Feierlichkeiten wurden mit viel Musik und Bier (für Herren) und heißer Schokolade (für Damen) begangen. Seinen Wohlstand verdankt das »Venedig Bayerns« dem Handel mit Wein, Getreide und Salz.

Stadtzentrum

Die Donau und der Inn umspülen die Ufer des Stadtkerns, der bis zum Zusammenfluss der beiden eine spitze Landzunge bildet.

Am Domplatz erhebt sich der gotische **Stephansdom** mit drei Zwiebeltürmen, einem spätgotischem Chor und einer prächtigen barocken Innenausstattung mit 1000 Skulpturen im Kirchenschiff und den Kapellen. Das Gotteshaus ist die Bischofskirche des Bistums Passau.

Ein Highlight im Dom ist ohne Zweifel mit 17974 Pfeifen und 233 Registern die größte Domorgel der Welt. Sie wurde Ende des 20. Jh. von den Passauer Orgelbauern Ludwig und Wolfgang Eisenbarth zwischen 1977 und 1980 angefertigt. Dazu wurden die vorhandenen Barockgehäuse aus dem 18. Jh. verwendet. Erstaunt über die perfekte Akustik baute man das Instrument weiter aus, was zu dem nicht geplanten Ausmaß führte.

Sehenswert sind auch die Fassade des spätgotischen **Alten Rathauses** und die Sammlung böhmischer Gläser im **Glasmuseum Passau**. An der Bräugasse 17 zeigt das **Museum Moderner Kunst – Wörlen (MMK)** Wechselausstellungen zu Kunst des 20. und 21. Jh.

Paulinerkloster Mariahilf

Vom Paulinerkloster Mariahilf auf der Anhöhe bietet sich eine herrliche Aussicht; der Aufstieg über die »Wallfahrtsstiege Mariahilf« stimmt besinnlich.

Veste Oberhaus

Am Nordufer der Donau thront die Festung Veste Oberhaus. Die Burg aus dem 13. Jh. wurde bis ins 19. Jh. erweitert. Das Museum lässt die Zeit mittelalterlicher Burgen für Besucher lebendig werden.

Durch das Mühlviertel

Auf der Höhe von Lindau (km 2222) bis zum **Laufkraftwerk Jochenstein** (Schleuse, km 2203) bildet der Strom die deutsch-österreichische Grenze; die folgenden 322 km fließt er durch Österreich, zunächst durch das bewaldete Hügelland des oberösterreichischen Mühlviertels. Hier halten mittelalterliche Orte, Ritterburgen und Klöster und die großartige Flussschleife **Schlögener Schlinge** (km 2187) die Flussreisenden in Atem. Die Wasserkraftwerke Aschach (km 2162) und Ottensheim-Wilhering (km 2147) nötigen die Schifffahrt wieder zum Schleusen.

Im Hinterland grenzt das Mühlviertel an Tschechien. Interessante Tagesausflüge führen nach Český Krumlov (UNESCO-Weltkulturerbe).

Linz

An einem wichtigen Verkehrsknotenpunkt nach Deutschland und der Tschechischen Republik liegt Linz (km 2135), die Hauptstadt Oberösterreichs (200 000 Einwohner). 1832 wurde hier die erste – von Pferden gezogene – Schienenbahn des Landes in Betrieb genommen, die nach Budweis in Böhmen führte. Fünf Jahre später legte das erste Dampfschiff in Linz an. Heute ist der Handelshafen mit einem Warenumschlag von mehr als 3 Mio. t Güter pro Jahr ein wichtiger Hafen Österreichs, dank der hier anwesenden Stahlindustrie.

Linz ist immer in Bewegung – in allen Bereichen. Dafür trägt die Stadt seit Ende 2014 die Auszeichnung »UNESCO-City of Media Arts« als Aufnahme in das Netzwerk kreativer Städte (UCCN).

LENTOS Kunstmuseum

Am rechten Donauufer fällt das Museum gleich auf: So modern das Bauwerk – von den Schweizer Architekten Weber & Hofer konzipiert –, so zeitgenössisch sind auch die Ausstellungen. Nachts leuchtet die »Schweizer Kiste« in Blau oder Rot; tagsüber erblickt man von der Stadt her durch das »Donauschaufenster«, einem Ausschnitt mitten im Bau, die malerische Landschaft.

Ars Electronica Center

Am linken Donauufer rückt ein zweiter Glasbau ins Blickfeld. In diesem futuristischen Bau von 2009 geht es um den Themenbereich »Die Welt des Menschen und deren Veränderungen«. In Labors erfährt der Besucher mehr über Zeit, Welten, Roboter und geklonte Pflanzen.

Stadtzentrum

Linz weihte 2013 sein **Musiktheater** am Volksgarten des Landestheaters Linz ein und knüpfte so an eine reiche musikalische Vergangenheit an: 1783 komponierte Mozart hier die 36. Sinfonie KV 425 *(Linzer Sinfonie)*, Beethoven 1812 die *8. Sinfonie* und der berühmte Anton Bruckner (1824–1896) kam nicht weit von Linz zur Welt; er war im **Alten Dom** (auch: Ignatiuskirche) Organist, bis er 1868 nach Wien umzog.

Von der Vergangenheit zeugen auch das gotische **Alte Rathaus** und die pastellfarbenen Bauten des 17. und 18. Jh. am **Hauptplatz**. In der Platzmitte steht die hohe **Dreifaltigkeitssäule**, die 1723 zum Gedenken der Erlösung der Stadt von Krieg, Feuer und Pest errichtet wurde. Mehrmals täglich erklingt auf dem Platz ein Glockenspiel.

SALZBURG

Das zauberhafte Salzburg ist mit 152 000 Einwohnern die Hauptstadt des gleichnamigen Bundeslandes. Schmale Gassen führen zu Plätzen mit gotischen Kirchen und Klöstern und kunstvoll gestalteten Brunnen; stattliche Herrschaftshäuser und Paläste sind von gepflegten Parks und Gärten umgeben. Man kann sich hier leicht vorstellen, wie dieses einmalige Zusammenspiel deutscher und italienischer Einflüsse einen der größten Komponisten aller Zeiten mitgeprägt haben muss. Mozart ist auch im Salzburg von heute allgegenwärtig: in Konzerten, in seinem Geburtshaus, in der nach ihm benannten Musikakademie, in den Festspielen und selbst in den süßen Mozartkugeln ...

Die verkehrsfreie Altstadt ist UNESCO-Welterbe und drängt sich zwischen dem linken Ufer der Salzach und dem Mönchsberg, hoch oben thront die Festung Hohensalzburg.

Am linken Ufer der Salzach

Für den Bau des **Residenzplatzes** (um 1600) wurden zahlreiche Häuser abgerissen. Der prachtvolle barocke **Residenzbrunnen** (1658–61) in der Mitte ist von Pferden umrahmt. Um 7, 11 und 18 Uhr erklingen vom Glockenspiel an der Ostseite des Platzes vertraute Melodien von Mozart. Die Westseite beherrscht der erzbischöfliche Palast, die **Residenz** (17./18. Jh.). Man kann an Führungen durch die Prunkräume teilnehmen, zu denen das Konferenzzimmer gehört, in dem Mozart als Kind musizierte. Im 3. Stock dienen mehrere Gemächer als **Residenzgalerie** (Werke europäischer Maler des 16.–19. Jh.).

Nach Süden schließt der imposante **Dom zu Salzburg** den Residenzplatz ab. Über dem Taufbecken in der ersten Seitenkapelle links vom Eingang wurde am 28. Januar 1756 Wolfgang Amadeus Mozart getauft.

Das barocke **Rupertinum** (17. Jh.) beherbergt als Teil des **Museums der Moderne** insbesondere Grafik- und Fotosammlungen.

Das **Große Festspielhaus** am Fuß des Mönchsbergs wurde in den ehemaligen Hofstallungen eingerichtet; es umfasst Theater- und Konzertsäle und eine Reitschule.

Mit der ältesten Standseilbahn Österreichs (1992 modernisiert) gelangt man hinauf zur **Hohensalzburg**, der Festung der Erzbischöfe, die aus 120 m Höhe über die ganze Stadt blickt. Bei Führungen werden unter anderem die eleganten Fürstenzimmer im Hohen Stock gezeigt. Im Burgmuseum ist eine gute Sammlung mittelalterlicher Bildhauerkunst zu sehen. Ausgestellt sind auch Waffen und Folterinstrumente. Den schönsten Blick auf die Stadt hat man von der Aussichtsterrasse der Kuenburgbastei.

In der **Getreidegasse** können Sie in Einkaufsfreuden schwelgen. Schöne Zunft- und Geschäftsschilder zieren hier Renaissance- und Barockfassaden. Haus Nr. 9 ist **Mozarts Geburtshaus,** heute ein Museum. Die Sammlung umfasst handschriftliche Partituren des fünfjährigen Wunderkindes und Familienporträts.

Nach der Getreidegasse, dem Rathausplatz und dem Kranzlmarkt kommen Sie zum **Alten Markt** – der ideale Ort, um bei Kaffee und Kuchen dem bunten Treiben zuzuschauen. Gehen Sie von der Nordostecke des Alten Marktes entlang des Residenzplatzes bis zum **Mozartplatz,** dessen Mitte eine Statue des Komponisten von 1842 ziert.

Am rechten Ufer der Salzach

Gehen Sie am rechten Ufer der Salzach flussabwärts bis zum Makartplatz. Im Haus Nr. 8, dem **Mozart-Wohnhaus** (auch Tanzmeistersaal), lebte die Familie Mozart von 1773 bis 1780. Heute befindet sich hier ein Museum mit zahlreichen Dokumenten und Porträts sowie Mozarts Hammerklavier. Allen zugänglich ist auch die Mozart Ton- und Filmsammlung mit 22 000 Audiotiteln sowie 2800 Videoproduktionen.

Die **Dreifaltigkeitskirche** mit ihrer konkaven Fassade ist ein barockes Meisterwerk von Fischer von Erlach (1694–1702).

Das große Gebäude an der Südwestseite des Platzes ist das **Landestheater.** Im nahen **Marionettentheater** können Sie einer Puppenaufführung der *Zauberflöte* beiwohnen. Weiter nordöstlich befindet sich die Musikakademie, das **Mozarteum.**

CORBIS/Bianchetti

Königin Maria Theresia ist vom jungen Mozart völlig entzückt.

SALZKAMMERGUT

Prächtig ist die Gebirgs- und Seenlandschaft östlich von Salzburg, das Salzkammergut. Der **Mondsee** glitzert am Fuß der Drachenwand und des Schafbergs. Der gleichnamige Ort entstand rund um eine Benediktinerabtei Ende des 15. Jh., die nun als Heimat- und Pfahlbauermuseum dient. Zu sehen sind neben Steinzeitfunden Werke von Meinrad Guggenbichler (1649–1723, aus Einsiedeln, Schweiz), der größtenteils auch für die Ausgestaltung der Pfarrkirche sorgte.

Vom Südende des Mondsees geht es auf einer schmalen, in den Fels gehauenen Straße nach **St. Gilgen** am **Wolfgangsee.** Hier kam 1720 Mozarts Mutter zur Welt; heute trifft man viele Wassersportler, v. a. Windsurfer. Mit dem Raddampfer oder Auto gelangt man nach **St. Wolfgang,** das schon seit dem 12. Jh. Wallfahrtsort ist; seine Kirche birgt den 1481 vollendeten herrlichen Flügelaltar von Michael Pacher, dessen Mittelteil die gekrönte Gottesmutter zeigt. Am Seeufer steht das aus Ralph Benatzkys Operette *Im Weißen Rössl* bekannte Hotel gleichen Namens.

Bad Ischl, östlich von St. Wolfgang, war unter Kaiser Franz Joseph eines der größten Kulturzentren Europas. Der Monarch kam jeweils im Sommer zur Jagd und zur Badekur hierher. Zudem verkehrten hier alle großen Musiker und Künstler des 19. Jh.: Johann Strauß, Brahms, Lehár, Nestroy, Anton Bruckner u. a. Franz Josephs Gattin Elisabeth (»Sisi«) zog der eher strengen Kaiservilla (zugänglich) das kleine Marmorschlössl im Park vor, das nun ein Fotografiemuseum birgt.

Südlich von Bad Ischl liegt **Hallstatt,** eines der malerischsten Dörfer Österreichs, das sich zwischen dem See und den bewaldeten Hängen des Dachsteins erstreckt. In der Jungsteinzeit baute man hier Salz ab, wie das Ortsmuseum zeigt. Die Region gehört zum UNESCO-Welterbe.

Die Straße nördlich von Bad Ischl durch das **Trauntal** war eine der bedeutenden Salzrouten Europas. An der Nordspitze des **Traunsees,** des tiefsten Österreichs, liegt das hübsche **Gmunden,** das dank der Fernsehserie *Schlosshotel Orth* – das kleine Schloss auf der kleinen Insel war der Drehort der Serie – bekannt wurde. An reizenden Hügeln, Wäldern und Gärten vorbei, gelangen Sie über **Steinbach am Attersee** zum **Buchberg,** wo Sie eine schöne Aussicht haben.

Im **Landhaus** hat die Regierung von Oberösterreich ihren Sitz. Das **Schlossmuseum**, Teil des OÖ Landesmuseums, dokumentiert die Natur-, Kultur- und Kunstgeschichte Oberösterreichs. Die kleine **Martinskirche** galt lange als ältestes Gotteshaus Österreichs.

Touristeninformation Linz

Das LENTOS Kunstmuseum von Linz am rechten Donauufer.

Pöstlingberg

Den Hausberg erreichen Sie nun mit der neuen Tram Nr. 50 ab Hauptplatz, das als Adhäsionsbahn 10,5 % Steigung meistert.

Von Linz bis Mauthausen

Hinter dem Linzer Hafen und der Mündung der Traun folgt bei km 2120 die Schleuse Abwinden-Asten. Die ehemalige kaiserliche Zollstation **Mauthausen** (km 2112) am Zusammenfluss von Donau und Enns war im 20. Jh. das größte Konzentrationslager von Österreich. Kapelle und Denkmal erinnern an die Opfer. Nur 17 km weiter wird beim Kraftwerk Wallsee-Mitterkirchen erneut geschleust.

Strudengau

Gefährlich war die Flussschifffahrt bei **Grein** (km 2079), heute die »Perle des Strudengaus« genannt. (Der Name Grein soll sich auf die ausgestoßenen Angstschreie der Schiffer beziehen.) Beachtung verdienen das Rokokotheater und die **Greinburg** mit ihrem malerischen Innenhof.

Auch die **Burg Werfenstein** in Struden (km 2076) und die malerische Ruine **Freyenstein** am rechten Ufer (km 2070) ziehen die Blicke auf sich.

Nach der felsigen und einst gefährlichen Flussstrecke zwischen Dornach und Persenbeug (km 2060) – wo bei der Schleuse des 1958 erbauten Wasserkraftwerks Ybbs-Persenbeug am linken Ufer das habsburgische barocke **Schloss Persenbeug** thront – endet das Strudengau.

Nibelungengau

Nach Strudengau folgt einer der romantischsten Abschnitte der Donau in Österreich: Auf 24 km fließt sie von Ybbs bis nach Emmersdorf a. d. Donau (unmittelbar bei Melk) durch den Nibelungengau. Hier spielt sich ein Teil des Nibelungenliedes ab. Viel besucht ist die kleine Wallfahrtsbasilika in **Maria Taferl** oberhalb der Ortschaft Marbach (km 2050).

Wachau
Jenseits der Kraftwerksschleuse Melk (km 2038) beginnt die Wachau, UNESCO-Welterbe seit 2000. Sie ist ein 30 km langes, liebliches Engtal zwischen Melk und Krems.

Freundliche Dörfer inmitten von Aprikosenhainen und Weinbergen wechseln ab mit düsteren Burgruinen auf schroffen Felsen. Hier gedeihen einige der besten Weißweine Österreichs. Im Frühling verleihen die blühenden Marillenbäume dem Tal einen feinen weißen Schleier und im Herbst leuchtet das Weinlaub golden. Die Wachau ist von Wien aus leicht im Auto (90 km auf der Autobahn) oder mit dem Donaudampfer zu erreichen.

Melk
Der im Nibelungenlied als »Medelike« erwähnte Ort war schon im 9. Jh. besiedelt, erhielt jedoch erst 1898 Stadtrechte. Im Mittelalter blühte hier der Handel mit Salz, Wein und Eisen. 1548 legte ein Brand den Ort fast völlig in Schutt und Asche, die Gebäude wurden danach im Renaissancestil wieder aufgebaut. (Die barocken Fassaden stammen aus dem 18. Jh.).

Nach einem kurzen Rundgang durch die Stadt Melk gelangen Sie über den Stiftsweg hinauf zur Benediktinerabtei; sie brachte der Gemeinde Ruhm und Ansehen.

Stift Melk
Nachdem Sie den Vorhof durchquert haben, stehen Sie vor der beeindruckenden Ostfassade des Klosters. Jakob Prandtauer erhielt im 18. Jh. den Auftrag, die bestehende Festung in einen Barockpalast zu verwandeln, Josef Munggenast führte ihn zu Ende.

Stiftsmuseum
In ehemaligen Kaiserzimmern wurde das Museum eingerichtet. In elf Räumen lernt man auf faszinierende Art und Weise die Geschichte der Abtei kennen sowie mehr zum Thema Religion.

Weitere Räume
Der reich mit Deckenfresken und anderen Verzierungen ausgestattete **Marmorsaal** wurde früher als Speisesaal für Gäste genutzt. Über die **Altane** (Terrasse) – mit grandioser Aussicht – erreichen Sie die **Bibliothek** mit rund 100 000 wertvollen Bänden und 2000 Manuskripten. Der Raum an sich ist bereits ein Kunstwerk.

Stiftskirche
Über eine Wendeltreppe steigt man von der Bibliothek hinunter in die Stiftskirche. Hier sind in erster Linie der Hochaltar, die Kanzel, die schön geschnitzten Beichtstühle und das Chorgestühl, die Deckenfresken von Johann Michael Rottmayr und die große Orgel sehenswert.

Melker Kreuz
Zu den Prunkstücken der Schatzkammer gehört das berühmte, mit Perlen und Edelsteinen verzierte Melker Kreuz, das einen Splitter vom Kreuz Christi enthalten soll. Es wurde angeblich im 12. Jh. geraubt, gelangte dann auf mysteriösen Wegen ins Kloster zurück. Aus Sicherheits- und konservatorischen Gründen wird es nur zu besonderen Anlässen gezeigt.

Zwischen Melk und Dürnstein
Zum Greifen nahe erscheint am rechten Ufer auf einem Felsen **Schloss Schönbühel** (km 2032) und auf einem schroffen Berggipfel zieht sich die Ruine der mittelalterlichen Raubritterburg **Aggstein** hin (km 2025). Gegenüber in **Willendorf** (km 2024) fand man 1908 die berühmte *Venus von Willendorf*, ein altsteinzeitliches Fruchtbarkeitsymbol. Der Weinort **Spitz** (km 2019) wartet mit der Mittelalterburg »Hinterhaus« auf. Das von Weinbergen umgebene **Weißenkirchen** (km 2013) wird von einer mächtigen Wehrkirche dominiert, deren Hauptturm 1531 zum Schutz vor den Osmanen gebaut wurde.

istockphoto.com/anzeletti

Frédérique Fasser

istockphoto.com/Frank

Das Stift Melk thront majestätisch über dem Fluss. | Die reich geschmückte, barocke Decke im Marmorsaal von Stift Melk. | Die Strecke entlang der Donau ist auch für Radtouren beliebt.

Dürnstein

Das hübsch am Donauufer liegende barocke Städtchen (km 2009) kann man nur zu Fuß besichtigen, die Autos bleiben am Stadtrand!

Ruine Dürnstein

Dürnstein ist vor allem für seine ehemalige »Burg Hademars von Kuenring« bekannt, in der im 12. Jh. der englische König Richard Löwenherz gefangen gehalten wurde. Er hatte im 3. Kreuzzug den Babenberger Herzog Leopold V. verärgert und wurde beim Versuch, durch das Donautal zu entkommen, in Wien festgenommen. Laut der Legende fand ihn sein getreuer Sänger Blondel hier wieder, als der König dessen Stimme und Gesang erkannte und selbst einstimmte. Nach dem Angriff der Schweden 1645 blieb nur eine Ruine zurück.

Stiftskirche

Die in heiterem Blau und Weiß erstrahlende Stiftskirche besitzt einen der schönsten Barocktürme von ganz Österreich. Durch das Prunkportal und den friedvollen Stiftshof gelangen Sie ins Innere des Gotteshauses. Über der geschnitzten Kanzel wachen (wie auch über dem Portal) die drei göttlichen Tugenden, nämlich Glaube, Hoffnung und Liebe. Auch der hübsche Kreuzgang ist einen Besuch wert.

Hauptstraße

An der im Osten vom **Kremser Tor** begrenzten Hauptstraße sieht man viele hübsche Bürgerhäuser aus dem 16.–18. Jh., darunter einige, die mit Sgraffitoschmuck verziert sind. Sie kommen auch beim spätgotischen **Rathaus** mit dem schönen Innenhof vorbei.

Kellerschlössl

Im Kellerschlössl (1715), das einen alten Weinkeller besitzt und reich mit Fresken und Reliefs verziert ist, schmecken die Weinproben besonders köstlich. Gesünder ist ein erholender Spaziergang entlang des Donauufers.

Krems an der Donau

Krems (km 2002), das mit Stein und dem Verbindungsort namens »Und« (kein Scherz!) ein Ganzes bildet, gilt als schönste Stadt Niederösterreichs und als Zentrum der regionalen Weinherstellung.

Untere Landstraße

Entlang der Unteren Landstraße kommen Sie am **Kleinen Sgraffitohaus** und dem **Simandlbrunnen** vorbei, der darstellt, wie Männer nach einem Zechabend zu Hause empfangen werden können.

Über den Wegscheid gelangen Sie zum Hohen Markt, dem ältesten Platz von Krems. Hier prangt die gotische **Gozzoburg**, die sich Stadtrichter Gozzo im 13. Jh. im italienischen Stil erbauen ließ. Heute werden in der Gozzoburg »Erlebnisführungen« zum Thema Mittelalter veranstaltet.

Kirchen

Die **Piaristenkirche** birgt sehr viele Werke des »Kremser Schmidt«. Dieser Künstler, der eigentlich Martin Johann Schmidt hieß, lebte 1718–1801 und schmückte die meisten Kirchen der Gegend mit seinen Bildern. Die **Pfarrkirche St. Veit** (Dom der Wachau) ist ein schöner Barockbau, an dessen Ausstattung bedeutende Künstler mitwirkten. Die großen Deckenfresken und der Allerseelenaltar stammen vom Kremser Schmidt.

Museumkrems
In der Dominikanerkirche und den Klosterbauten ist heute das Museumkrems untergebracht, das neben der Entwicklung des Weinbaus auch die Stadtgeschichte dokumentiert.

Obere Landstraße
Das **Steiner Tor** am Ende der Oberen Landstraße war Teil der Festungsmauer. Seine Rundtürme stammen aus dem 15. Jh. Ferner gibt es einige schöne Renaissance-Bauten und für eine gelungene Pause Heurigenlokale.

Stein
Die Steiner Landstraße in Stein zeichnet sich durch schöne Gebäude aus. Die **Minoritenkirche** entstand in der Übergangszeit von der Romanik zur Gotik; der **Pfarrhof** hat prachtvolle Rokoko-Stuckverzierungen. Über der Stadt erhebt sich der siebenstöckige Turm der **Frauenbergkirche**.

Stift Göttweig
Weithin sichtbar thront Stift Göttweig auf einem 422 m hohen Hügel südlich der Donau. Die bedeutende Benediktinerabtei wurde 1083 gegründet und 1718 nach einer Feuersbrunst von Johann Lucas Hildebrandt zur barocken Anlage umgebaut. Die Ausstellung *Klosterleben* stellt den Klosteralltag vor, das Museum im Kaisertrakt die Geschichte der Abtei.

Tullner Becken
An den Wasserkraftwerken Altenwörth (km 1980) und Greifenstein (km 1949) passieren die Schiffe Schleusen. Das Kernkraftwerk bei Zwentendorf (km 1977) ging nach einem Volksentscheid 1979 nie ans Netz. Die Stadt **Tulln** (km 1963) war das römische Reiterlager *Comagna*, später ein bedeutender mittelalterlicher Handelsort.

Klosterneuburg
Das Augustinerstift in Klosterneuburg (km 1939) wurde 1114 gegründet und im 18. Jh. barock ausgebaut. Karl VI. gab den Auftrag, hier ein kaiserliches Klosterschloss nach dem Vorbild des Escorial der spanischen Habsburger zu errichten. Von den geplanten neun Kuppeln, die alle die Krone Habsburgs tragen sollten, wurden jedoch nur zwei fertiggestellt. Mittelpunkt des Stifts ist in der Leopoldskapelle der *Verduner Altar* von 1181 mit biblischen Szenen auf 45 Emailtafeln.

Informieren Sie sich über Führungen beim Eingang, auf dem Vorplatz des Stifts.

Das neue **Essl Museum – Kunst der Gegenwart** (unterhalb des kleinen Stadtzentrums – An der Donau 1) zeigt insbesondere österreichische Kunst nach 1945 und zeitgenössische Kunst; Sonderausstellungen widmen sich meistens einzelnen Ländern.

Wien
Die gut 1,75 Mio. Einwohner der österreichischen Hauptstadt sind noch heute so international wie zur Zeit der Donaumonarchie: Ungarn, Deutsche, Tschechen, Slowaken, Spanier, Polen, Italiener und andere sind hier vereint. Alle haben die Architektur, Musik und Malerei der Stadt geprägt.

Wahrzeichen der Stadt
Trendige und historische Wahrzeichen der Hauptstadt Österreichs, der **Millennium Tower** am rechten und der Komplex der **UNO-City** am linken Ufer – jenseits der künstlichen Donauinseln von 1988 – sowie die **Reichsbrücke** bei km 1928 künden rechts und links der 1870 kanalisierten Donau die Metropole an. Für Ausflugsboote zweigt bei km 1934 der schmale **Donaukanal** zur Innenstadt ab.

Stephansdom
Mit seiner romanischen Westfassade, dem gotischen Turm und dem Barockaltar ist der Dom ein gutes Beispiel für die Begabung der Wiener, große Baustile harmonisch miteinander zu verschmelzen. Vom Nordturm haben Sie eine großartige Aussicht auf Wien und die 20 t schwere **»Pummerin«**, Nachfolgerin der im Krieg zerstörten Glocke, die 1683 aus eingeschmolzenen türkischen Kanonen gegossen wurde.

Mozarthaus
Von 1784–87 wohnte Wolfgang Amadeus Mozart mit seiner Frau Constanze im Haus an der Domgasse 5. Sie können die Wohnung und Ausstellungen zum Leben und Werk des Komponisten sehen, hier komponierte er 1785 die »Hochzeit des Figaro«.

Österreich Werbung

Wien Tourismus/MAXUM

Österreich Werbung

Kärntner Straße

Vom Stephansdom aus südwestlich erstreckt sich die Kärntner Straße, eine Fußgängerzone mit vielen Cafés, an der auch die elegantesten Geschäfte der Stadt liegen. Sie führt an der weltberühmten **Staatsoper** vorbei zum Ring.

Gehen Sie von der Staatsoper über den Albertinaplatz in Richtung Hofburg. Die **Albertina** beherbergt eine reiche Sammlung, in der u. a. da Vinci, Dürer, Raffael, Rubens, Rembrandt, Klimt und Schiele vertreten sind.

Hofburg

Einer der eindrücklichsten Bauten Wiens ist die Hofburg, seit dem 13. Jh. Residenz der österreichischen Herrscher. Seit 1945 wohnt hier der amtierende Bundespräsident.

Einblick in die habsburgische Prunkentfaltung gewährt die 45-minütige Führung durch die **Kaiserappartements** (Eingang am Michaelerplatz). Hier befindet sich auch das der Kaiserin Elisabeth gewidmete **Sisi Museum**. In der **Schatzkammer** im Schweizerhof strahlen die Insignien des »Heiligen Römischen Reiches«,

Das Neujahrskonzert der Wiener Philharmoniker im Musikverein ist jedes Jahr ein großes Ereignis. | Die Ballsaison gehört ebenso zu Wien wie die Spanische Hofreitschule.

istockphoto.com/HultonArchive

Sisi: Mythos und Realität. Im Gegensatz zu dem kitschigen Bild, das die Filme der 1950er-Jahre vermitteln, war Kaiserin Elisabeth (1837–1898) eine intelligente, kultivierte Frau, die sich sehr um das Schicksal des ungarischen Volkes kümmerte. Sie wurde mit 16 Jahren mit ihrem Vetter Franz Joseph verheiratet und befand sich fortan unter der strengen Aufsicht ihrer Schwiegermutter Sophie, die später auch die Erziehung der Enkel übernahm. Elisabeth erkrankte und flüchtete auf die Insel Madeira. 1867 ließ sich das Kaiserpaar als König und Königin von Ungarn krönen: Die Doppelmonarchie war geboren. Doch auch dies hielt Sisi nicht im Palast zurück. Nachdem sie ihrem Gatten vier Kinder geschenkt hatte, beschloss sie mit 40 Jahren, ihrer Leidenschaft für die Dichtung und das Reisen zu frönen.

Ein Schlag für die Kaiserin war der Selbstmord des Thronfolgers Rudolf, der 1889 in Mayerling mit seiner Geliebten, der Baronin Marie Vetsera, aus dem Leben schied. 1898 wurde Elisabeth bei einem Spaziergang auf dem *Quai du Mont-Blanc* in Genf vom italienischen Anarchisten Luigi Lucheni mit einer zugespitzten Feile erstochen.

darunter die mit Perlen, Smaragden, Saphiren und Rubinen besetzte Kaiserkrone. In der **Burgkapelle** (1449) singen die Wiener Sängerknaben zur Messe. In der **Spanischen Hofreitschule** werden die Lipizzaner noch nach den Methoden des 17. Jh. trainiert.

Der Ring

Keine Stadtrundfahrt läßt diesen Prachtboulevard aus – er entstand 1860 und umschließt die Innenstadt–, da er von äußerst spektakulären Bauwerken umgeben ist. Nördlich der Hofburg liegt der **Volksgarten** und das **Burgtheater**, noch weiter nördlich die **Universität** und die **Votivkirche**. Gegenüber der Hofburg liegen rechter Hand des **Maria-Theresien-Platzes** das **Naturhistorische** – und linker Hand das **Kunsthistorische Museum**.

Das **MAK Wien** – das **Österreichische Museum für angewandte Kunst** am Stubenring 5 (im östlichen Teil des Rings) – wurde 1867–71 erbaut; daneben wurde später die Universität für angewandte Kunst eröffnet. Das MAK ist das Schaufenster der Wiener Werkstätten, es besitzt Sammlungen zu Kunsthandwerk, Gebrauchsgegenständen, Design, Architektur sowie Gegenwartskunst und lohnt den Besuch.

Genialer Hundertwasser

Das **Kunst Haus Wien – Museum Hundertwasser**, ein Bau von Friedensreich Hundertwasser an der Unteren Weißgerberstraße 13 (östlich des Bahnhofs Wien Mitte und City Air Terminal), ist ein Muss. Es besteht aus wiederverwertetem Altmaterial und zeigt Wechselausstellungen. Im Museum sind die Werke des Künsters zu bestaunen. Das **Hundertwasser-Haus** an der Kegelgasse 36–38 ist ein Glanzbeispiel für Nonkonformismus und Umweltbewusstsein.

Belvedere

Unter dem Namen Belvedere sind heute verschiedene Ausstellungsorte vereint.

Unteres und Oberes Belvedere

Das Palais diente Prinz Eugen als Sommerresidenz, der ab 1716 hier wohnte. Es bietet prachtvolle Säle wie die Marmorgalerie, das Goldkabinett und den Groteskensaal. Im Palais und der **Orangerie** sind Wechselausstellungen zu sehen, im **Prunkstall** ist sakrale Kunst des Mittelalters ausgestellt.

Das Eingangsportal zum **Oberen Belvedere** mit zwei Löwen und feinem Gitterwerk wirkt elegant. Zur Sammlung des Belvedere – vom Mittelalter bis in die Gegenwart – gehören Gemälde von Gustav Klimt *(Der Kuss)*, Egon Schiele, Hans Makart und Oskar Kokoschka.

21er Haus

Im ehemaligen Pavillon der Expo 58 in Brüssel wird im renovierten 21er Haus österreichische Kunst des 20. und 21. Jh. gezeigt.

Winterpalais

Im Barockjuwel an der Himmelpfortgasse (Nähe Kärtnerstraße) sind neben Prunkräumen auch Wechselausstellungen zu sehen.

MuseumsQuartier Wien– MQ

Hinter der rosa Fassade der ehemaligen kaiserlichen Hofstallungen verbirgt sich das spektakuläre MuseumsQuartier mit über 60 kulturellen Einrichtungen.

Museum Moderner Kunst MUMOK

Zum MQ gehört der graue Kubus von Orter & Ortner, das Museum Moderner Kunst. Gezeigt werden u. a. Gemälde von Klee, Kandinski, Kokoschka, Magritte und Léger sowie Skulpturen von Brancusi, Giacometti und Ernst.

Leopold Museum und Zoom

Im **Leopold Museum** kann man sich anhand der wichtigsten Sammlung von Egon Schiele (1890–1918) mit dem allzu früh verstorbenen Künstler vertraut machen.

Das **ZOOM Kindermuseum** mit seinen Ateliers, Hands-on-Ausstellungen, Workshops und dem Erlebnisbereich Ozean ist ein Paradies für kleine und große Kinder.

Gustav Klimt. Er war ein Pionier der modernen Malerei in Österreich und einer der bedeutendsten Vertreter des Wiener Jugendstils. Gustav Klimt (1862–1918) war zudem Mitbegründer der Künstlervereinigung der Secession, die er 1897–1905 leitete. Erst gegen Ende des 19. Jh. entwickelte er seinen persönlichen Stil, der von den französischen Impressionisten und Symbolisten, den Präraffaeliten und dem deutschen Jugendstil beeinflusst war.

Zu Klimts berühmtesten Werken gehören *Der Kuss* (im Belvedere), der *Beethovenfries* (in der Secession) und natürlich seine Frauenporträts.

Österreichische Galerie Belvedere Wien

Außergewöhnliche Männer
Einen Besuch wert sind auch **Schuberts Geburtshaus** an der Nussdorferstraße 54, das **Haydnhaus** an der Haydngasse 19, das **Beethovenhaus** am Heiligenstädter Pfarrplatz sowie die **Johann-Strauß-Wohnung** an der Praterstraße 54. Begegnen können Sie dem Gründer der Psychoanalyse im **Sigmund Freud Museum**, in seiner einstigen Wohnung an der Berggasse 19.

Schönbrunn
Das zum UNESCO-Weltkulturerbe gehörende Schloss Schönbrunn ist mit der grünen U-Bahn-Linie vom Stadtzentrum Wiens leicht erreichbar. Das Schloss spiegelt die Persönlichkeit von Maria Theresia, Erzherzogin von Österreich, Königin von Böhmen und Ungarn hervorragend wider.

Schlosspark
Erkunden Sie den Park zuerst. Auf einer Anhöhe, von der Sie einen herrlichen Ausblick auf Wien haben, thront die klassizistische **Gloriette**, ein 1775 entstandener markanter Arkadengang.

Prächtiger Palast
Im Schloss sehen Sie u. a. den Spiegelsaal, in dem Mozart sein erstes Hofkonzert gab, und das Napoleonzimmer, wo Napoleon auf dem Weg nach Austerlitz einst schlief. Beeindruckend sind die Gemächer von Kaiser Franz Joseph und Elisabeth und die fünfzehn Empfangssäle. Sie sind prunkvoll möbliert; den Wänden wurde mit Tapeten aus Brokatdamast, vergoldeten Barocktäfelungen mit Lackarbeiten besondere Beachtung geschenkt.

Wienerwald

Das 45 km lange und bis zu 30 km breite Mittelgebirge bietet herrliche Wandermöglichkeiten und ist ein Erholungsgebiet der Wiener. 2005 wurde die Fläche von 1000 km^2 zum Biosphärenpark der UNESCO erklärt. Diese letzten Alpenausläufer bestehen nicht nur aus Wald, an sonnigen Hängen gedeihen vielerorts auch Reben.

Stift Heiligenkreuz

Diese beeindruckende Zisterzienserabtei aus dem 12. Jh. – heute leben noch 98 Mönche hier – liegt idyllisch gebettet im Wienerwald. Das romanische Kirchenschiff und der gotische Chor der Basilika blieben erhalten sowie der Kreuzgang mit roten Marmorsäulen. Das barocke Chorgestühl und die Pestsäule im Hof stammen vom venezianischen Künstler Giuliani.

Mayerling

Von Heiligenkreuz sind es 3 km bis nach Mayerling, das mit einem tragischen Ereignis das Kaiserreich erschütterte. Der mit Stephanie von Belgien verheiratete Kronprinz und Erzherzog Rudolf teilte die liberalen Ideen seiner Mutter, Kaiserin Elisabeth und unterstützte die Forderungen der ungarischen Parlamentsopposition, was der Aristokratie missfiel. Er verliebte sich in die 17-jährige Baronesse Maria Vetsera und verlangte gegen den Willen seines Vaters Kaiser Franz Joseph, die Annullierung seiner Ehe durch den Papst. Ende Januar 1889 erschoss Rudolf im Jagdpavillon seine Geliebte und beging dann Selbstmord. Am Standort des Pavillons ließ Franz Joseph ein Karmeliterkloster errichten.

Gumpoldskirchen

Es ist eines der reizvollsten Winzerdörfer der Gegend und Heimat des berühmten gleichnamigen Weißweins. Neben dem Rathaus (16. Jh.) und einer gotischen Kirche lohnen auch die typischen Heurigenlokale einen Besuch.

Wien-Freudenau

Kurz vor der Einmündung des Donaukanals (km 1921) passieren die Schiffe die Schleuse Wien-Freudenau von 1997 und das jüngste der neun österreichischen Donau-Wasserkraftwerke. Ein weitaus größeres Stromgewinnungsprojekt war in den 1980er-Jahren stromabwärts geplant. Dieses Projekt hätte jedoch die Flussniederung überschwemmt und die Auwälder mit ihrer reichen Fauna und Flora vernichtet. Dagegen protestierten 1984 Tausende von Naturfreunden und erreichten dadurch, dass 1996 die letzten 40 km natürlicher Donauniederung bis zur March-Mündung als **Nationalpark Donau-Auen** geschützt wurden.

Petronell-Carnuntum

Vor 2000 Jahren wurde auf dem Gebiet des Ortes Petronell-Carnuntum (km 1890) das Römerkastell *Carnuntum* an strategisch hervorragender Stelle angelegt: Es bewachte die Donau als römische Reichsgrenze und lag nahe dem Schnittpunkt zweier europäischer Handelswege. Auch hatten es die Römer nicht weit bis zur Jod-Schwefel-Therme des heutigen **Bad Deutsch-Altenburg** (km 1887) am Hang der »Hundsheimer Berge«.

Hainburg an der Donau

Hainburg (km 1884) nennt sich Haydn-Stadt, weil der nahebei in Rohrau geborene Komponist die hiesige Schule besuchte. Eine Burgruine und Stadttore erinnern an die Bedeutung des Ortes an der Kreuzung alter Handelswege. Nach der »Hainburger Pforte«, ein Durchlass an der Donau, mündet bei km 1880 am linken Ufer die **March** bzw. *Morava* (km 1880) in die Donau; Flussaufwärts bildet die March die österreichisch-slowakische Grenze.

Jahrtausendelang war dieses Tor zu den Karpaten immer wieder umkämpft; hier wachte die Festung **Devín** (Theben) von der Keltenzeit bis ins 17. Jh. über beide Flüsse. Die Ruine auf der slowakischen Seite gehört zu den malerischsten entlang der Donau. Die heutige Grenzlinie, seit 2004 eine Binnengrenze der EU, setzt sich von der Mündung noch 7 km donauabwärts fort, um dann nach Süden abzuschwenken.

Friedensreich Hundertwasser. Der Maler Fritz Stowasser, besser bekannt als Friedensreich Hundertwasser (1928–2000), hat mit seinen Bauwerken mehr als einen Wiener vor den Kopf gestoßen. In der poetischen Bilderwelt seiner Malerei, für die er Formelemente des Jugendstils und des Sezessionismus aufgriff und die sich durch kostbar leuchtende Farben auszeichnet, ist die Spirale das vorherrschende Motiv. In den 1950er- und 60er-Jahren machte Hundertwasser mit Manifesten auf sich aufmerksam und setzte sich für eine menschen- und naturgerechtere Architektur ein. In seinen Bauwerken gilt die »Toleranz der Unregelmäßigkeiten«.

Renata Holzbachová

Die Burg von Bratislava wacht stolz über die Stadt und die Donau.

istockphoto.com/Tomassereda

Von Bratislava bis Mohács

Die Hauptstadt der Slowakei liegt am Fuß der Kleinen Karpaten, im Dreiländereck nur rund 60 km von Wien und 200 km von Budapest entfernt.

Bratislava

Die rund 415 000 Einwohner zählende Stadt (km 1869) ist ein wichtiger Donauhafen und heute ein bedeutender Industrie- und Messestandort. Unter der Donaumonarchie hieß sie Pressburg, während der Türkenzeit, als sie die ungarische Hauptstadt war, »Pozsony«. Der »Kleine Pressburger« (Prešporáčik), der rote Bummelzug, führt an den wichtigsten Plätzen und Gebäuden vorbei. Erklärungen in verschiedenen Sprachen geben einen ersten Überblick über die einladende Stadt.

Burg (Hrad)

Weithin sichtbar thront der majestätische Bau mit seinen vier Ecktürmen auf einem Hügel über der Donau. Die schon im Mittelalter entstandene Feste wurde im 17. und 18. Jh. umgestaltet. 1811 zerstörte ein Brand die Burg; sie wurde erst nach 1953 wiederaufgebaut. Die für Besucher zugänglichen Räume wurden kürzlich komplett renoviert und beherbergen einen Teil der Sammlung des Slowakischen Nationalmuseums, die Schatzkammer und eine Ausstellung über die Geschichte der Burg und der Slowakei. Von den unter Maria Theresia angelegten **Burggärten** haben Sie einen schönen Blick auf die Altstadt und die Donau.

Altstadt

Durch das **Sigismundtor** verlassen Sie die Burggärten und gelangen über die Burgstiege hinunter in die Gassen der Altstadt. Das schmale Rokokohaus »Zum Guten Hirten« *(Dóm U dobrého pastiera)* in der *Zidovská ulica 1* birgt ein sehenswertes Uhrenmuseum.

Martinsdom

Der weiße *Dóm sv. Martina* aus dem 14. Jh. gilt als eines der schönsten gotischen Bauwerke der Slowakei. Von 1563 bis 1830 wurden hier elf ungarische Monarchen und acht Königsgattinnen gekrönt. Noch ziert als Symbol eine goldene Krone die Turmspitze. Das Erzbistum Bratislava nutzt den Bau seit 2008 als seine *Katedrála svätého Martina*.

Hauptplatz

Vom Martinsdom gelangt man entlang der Straße *Panská ul* zum *Hlavné namésti*. Sehenswert ist das **Alte Rathaus** (1325) an der Ostseite. Es beherbergt das reich ausgestattete **Stadtmuseum**.

Primatialpalast

In diesem klassizistischen Bau des 18. Jh. unterzeichneten Napoleon I. und Kaiser Franz I. von Österreich – 1805 nach der Schlacht von Austerlitz – den »Frieden von Pressburg«. Hier befindet sich ein Teil der Sammlungen der **Städtischen Galerie**.

Michaelstor

Das Stadttor (14. Jh.) – heute ein 51 m hoher Turm – wurde nach und nach aufgestockt. 1758 kam eine barocke Kuppel dazu, auf der der hl. Michael thront und die Altstadt beschützt.

Reduta-Palast

Im renovierten Reduta-Palast, dem Sitz des Slowakischen Philharmonischen Orchesters, werden Opern und Operetten inszeniert sowie Konzerte abgehalten.

Theater und Museen

Im eleganten Viertel um den lang gezogenen Platz *Hviezdoslavovo nam* befinden sich Theater, Museen und Hotels. Das **Slowakische Nationaltheater** von 1886 wurde 2007 östlich der Altstadt durch einen Neubau ergänzt. Er liegt nordöstlich der **Starý most**, der »Alten Brücke« (die bis Ende 2015 rekonstruiert wurde) sowie im neuen Stadtviertel **Eurovea**. Auf dem Weg dorthin, entlang der *Mostová ul*, der *Rázusova nábrežie*, kommen Sie an der **Slowakischen Nationalgalerie** *(Slovenská národná galéria)* vorbei; sie zeigt Kunst aus der Slowakei von der Gotik bis ins 20. Jh.

Nahe der Anlegestelle der Flussfahrtschiffe befindet sich der Hauptsitz des **Slowakischen Nationalmuseums** *(Slovenské národné múzeum)*.

Donaubrücke Nový Most
Die 1972 fertiggestellte »Neue Brücke« besitzt einen einzigen, 85 m hohen Pfeiler, auf dessen Spitze sich ein Panoramarestaurant befindet.

Gabčikovo-Kanal
Nur 23 km fließt die Donau zwischen Österreich und Ungarn durch slowakisches Gebiet, um ab km 1850 auf einer Länge von 144 km als slowakisch-ungarischer Grenzfluss zu dienen. Doch für eine Strecke von 38 km verlassen die Donauschiffer hinter Bratislava den Hauptstrom, um sich ab km 1853 auf den bis zu 500 m breiten und von hohen Deichen geschützten Gabčikovo-Kanal zu begeben, der nur durch slowakisches Gebiet führt.

Danubiana Meulensteen Art Museum
Bei Čunovo, wo sich Kanal und Fluss trennen, kann man im Vorbeifahren Kunst betrachten: im Freien stehen Skulpturen des modernen Danubiana Meulensteen Art Museum, dessen Rundbau ebenfalls am Ufer zu sehen ist.

Insellandschaften
Zwei kleinere Donau-Arme bilden riesige Insellandschaften beiderseits des Hauptstroms und des Kanals. Im Norden umschließt die **Malý Dunaj** (Kleine Donau) auf slowakischem Gebiet die

istockphoto.com/Muran

Originelle Skulptur im Stadtzentrum von Bratislava.

80 km lange »Žitný ostrov« (Großer Schütt), im Süden auf ungarischem Gebiet die **Mosoni Duna** (Mosoner/Wieselburger Donau) die 50 km lange »Szigetköz« (Kleiner Schütt). In den Sümpfen und Auwäldern lebt eine bedeutende Vogelwelt.

Donauregulierung
Nach 28 Kilometern staut sich das Kanalwasser am **Wasserkraftwerk Gabčikovo**, hier produziert die Slowakei 10 % ihres Strombedarfs. Die Schleusen von 1992 (20,4 m Fallhöhe) sind die zweithöchsten der Donau. Die Regulierung schützt das Hinterland vor Überschwemmungen und bietet der Schifffahrt kontrollierte Wasserstände. Da mehr als drei Viertel des Wassers durch den Kanal fließt, leidet die Donauniederung zeitweise an Wassermangel, was die Auwälder gefährdet. Kanalabwärts wird der Hauptstrom bei km 1811 wieder erreicht.

istockphoto.com/Brown

istockphoto.com/Sedivec

Frédérique Fasser

Straßenbrücken zwischen der Slowakei und Ungarn

Die folgenden drei Straßenbrücken über die Donau verbinden das slowakische linke mit dem ungarischen rechten Ufer:

Bei km 1806 führt die **Vámosszabadi-Brücke** in die 12 km südlicher liegende einstige Bischofsstadt **Györ**, genannt Raab während der k.u.k Donaumonarchie.

Bei km 1768 hat 1920 die Auflösung aus dem 1000-jährigen Komorn die Städte **Komárno** auf slowakischer und **Komárom** auf ungarischer Seite geschaffen. Gewaltige Festungsanlagen auf beiden Seiten des Flusses erinnern an die Furcht vor Türkeneinfällen im 16. und 17. Jh. Sie sind nach wie vor die Hauptsehenswürdigkeiten beider Städte, die durch die **Erzsébet hid** (Elisabethbrücke) miteinander verbunden sind.

Die **Maria-Valeria-Brücke** zwischen Štúrovo und Esztergom bei km 1719 ist Ausdruck des neuen europäischen Zusammenwachsens: Nach ihrer Zerstörung im Zweiten Weltkrieg durch deutsche Truppen gibt es erst seit 2001 wieder eine feste Verbindung zwischen den beiden Städten.

Die Basilika von Esztergom. | Altes Palais am Donauufer. | Die farbenfrohen ungarischen Trachten werden häufig bei Volkstänzen getragen.

Schloss Gödöllő. Als 1867 Kaiser Franz Joseph I. und Kaiserin Elisabeth von Österreich (Sisi) in der Matthiaskirche zum ungarischen Königspaar gekrönt wurden, erhielten sie zu diesem Anlass Schloss Gödöllő als Geschenk – einen Barockbau, den Andreas Mayerhoffer 1744–48 für den Grafen Grassalkovich 30 km nordöstlich von Budapest in Gödöllő errichtet hatte. Die regelmäßige Anwesenheit der königlichen Familie brachte dem kleinen Ort Ansehen und Wohlstand.

Kaiserin Sisi, die eine enge Beziehung zu Ungarn hatte, kam häufig in ihre Sommerresidenz, um der Wiener Hofetikette zu entfliehen und dem Reitsport zu frönen. Nicht nur die Ende des 20. Jh. renovierten Räume lohnen die Besichtigung, sondern auch der geschützte Schlosspark.

istockphoto.com/Lane

Esztergom

Rund 150 km südöstlich von Bratislava liegt bei km 1719 Esztergom, Ungarns erste Hauptstadt und Königssitz unter den Arpaden. König Stephan gründete die Kathedrale von Esztergom 1010. Nach den Mongoleneinfällen im 13. Jh. zog der Monarch aus, die königliche Residenz wurde Sitz des katholischen Erzbischofs *(Primas)*. 1543 musste Esztergom mit der Zerstörung durch die Türken einen hohen Preis für seine religiöse Bedeutung bezahlen. Trotz der Verfolgung des Klerus blieb die Stadt während geraumer Zeit das Zentrum der ungarischen Katholiken.

Basilika

Die riesige Basilika, die sich über der Stadt erhebt, ist Ungarns größte Kirche. Die Bauarbeiten begannen 1822 und dauerten beinahe 40 Jahre. Die massige Kuppel erinnert an den Petersdom in Rom.

Der herausragendste Teil der gewaltigen Kirche ist die vom Vorgängerbau erhaltene **Bakócz-Kapelle** aus rotem Marmor (zu Beginn des 16. Jh. von florentinischen Handwerkern gebaut). Rechts vom Altar gelangt man in die **Schatzkammer** mit einer herrlichen Sammlung von Textilien und mittelalterlichen Goldreliquien, darunter auch das Krönungskreuz (13. Jh.), auf das die

ungarischen Monarchen noch bis zu König Karl IV. im Jahre 1916 den Treueeid leisteten.

In der **Krypta** befindet sich das Grab von Kardinal Mindszenty, der sich gegen die kommunistische Machtübernahme auflehnte und daraufhin gefangengenommen und gefoltert wurde. Während des Aufstands von 1956 kam er frei und fand Unterschlupf in der Botschaft der USA. Er starb 1975 im Exil und fand hier 1991 seine letzte Ruhestätte.

Steigen Sie zur **Kuppel** hoch, von hier bietet sich eine herrliche Aussicht.

Burgmuseum

Das **Balassa Bálint Múzeum** beherbergt Funde vom Kastell und eine Kapelle aus dem 12. Jh. Sehenswert ist auch der mittelalterliche Saal der Kardinalstugenden mit schönen Fresken.

Viziváros

Am Fuß des Hügels gelangt man in den malerischen Stadtteil Viziváros (wörtlich: »Wasserstadt«). Die hiesige Pfarrkirche stammt von 1738, der Umweg lohnt sich.

Der **Erzbischöfliche Palast** beherbergt das interessante **Kerstzény Múzeum** (Christliches Museum), dessen Sammlung kirchlicher Kunst die größte Ungarns ist. Hier finden Sie italienische Holzschnitte, Gemälde aus der Renaissance und den prunkvollen »Garamszentbenedek-Sarg«, der früher bei Osterprozessionen gezeigt wurde.

Donau-Ipoly-Nationalpark

Kurz hinter Esztergom zwängt sich die Donau zwischen den meist 300–400 m hohen, stellenweise bis über 900 m aufragenden Vulkanbergen des Börzsöny- (im Norden) und des Visegráder

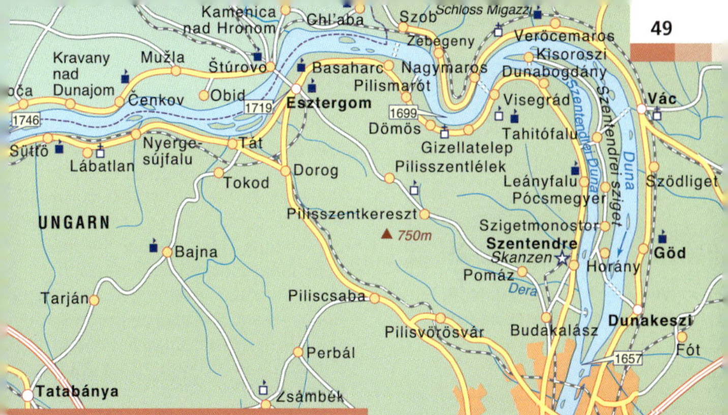

Gebirges (im Süden) hindurch, eine Flussstrecke mit wunderschönen Aussichten auf bewaldete Hügel, uralte Städtchen und Burgen. Ab km 1699, wo am linken Ufer der slowakisch-ungarische Grenzfluss **Ipoly** in die Donau mündet, wurden 1997 rund 600 km² der großartigen Landschaft zum *Duna-Ipoly Nemzeti Park* erklärt, Ungarns vielfältigstem Park. Hier leben zahlreiche seltene und streng geschützte Tier- und Pflanzenarten. Wer Glück hat, bekommt die am Ufer brütenden Würgfalken oder Schlangenadler zu Gesicht.

Donauknie

Nördlich von Budapest ändert die Donau unvermittelt ihren Lauf und biegt nach Süden ab. Die üppige Landschaft des Donauknies ist Ungarns beliebtestes Ferienparadies.

Visegrád bedeutet »Hohe Burg«; noch wacht sie über die Stadt.

Visegrád

Die Reste des prächtigen Palastes von König Matthias Corvinus, die obere Burg und Zitadelle (13. Jh.) gehören bei km 1695 zur Landschaft. Ein Teil der Residenz, die auf fünf Terrassen am Hang angelegt ist, wurde restauriert. Der Herkulesbrunnen bildet ein schönes Beispiel ungarischer Renaissancekunst, und die zierlichen Arkaden des Ehrenhofs sind bewundernswert.

Vác

Vác (km 1680) hat ein barockes Zentrum mit grünen, roten und ockerfarbenen Häusern, die über die Textilfabriken und Zementwerke am Stadtrand hinwegtrösten. Die **Kathedrale** aus dem 18. Jh. besitzt Fresken von Franz Anton Maulpertsch; sie ist der Himmelfahrt Mariens und dem Erzengel Michael gewidmet. Der Triumphbogen wurde für den Besuch der Kaiserin Maria Theresia erbaut.

Szentendre

Touristisches Mekka ist das bezaubernde Städtchen Szentendre (Sankt Andrä, km 1667) mit seinem barocken Stadtbild des 18. Jh. und hübschen Häusern in Regenbogenfarben. Der **Főtér**, der gepflasterte Hauptplatz, wurde zum Nationaldenkmal erhoben. Hier steht die griechisch-orthodoxe **Mariä-Verkündigungs-Kirche** (18. Jh.). Weitere sehenswerte Kirchen sind die katholische **Pfarrkirche** mit der alten Sonnenuhr und die **Belgrad-Kathedrale**, serbisch-orthodox (18. Jh.), mit einer verzierten Ikonostase.

Um die Ecke befindet sich der Eingang zum **Serbisch-Orthodoxen Museum** mit Ikonen und Manuskripten. Zu den beliebtesten Museen des Landes zählt *am Vastagh György 1* das renovierte **Margit-Kovács-Museum** mit den liebenswerten Figuren der 1977 verstorbenen Keramikerin.

Szentendre-Insel

Die Donau bildet kurz hinter Visegrád die bis Budapest reichende 31 km lange Szentendre-Insel, die gern von Ausflüglern und Sportlern als Erholungs- und Freizeitgebiet besucht wird.

Skanzen

Das Freilichtmuseum Skanzen liegt 3 km nordwestlich von Szentendre und lohnt den Umweg für Groß und Klein.

Magyaren im Bade. Ungarn, das nur 1 % der Fläche Europas einnimmt, fehlt es an zwei wesentlichen geografischen Gegebenheiten: an Bergen, in denen man skifahren könnte, und an einer Meeresküste.

Der Binnenstaat muss sich mit der Donau und dem Plattensee (Balaton), Mitteleuropas größtem See, zufriedengeben. Das Baden im Plattensee soll gesund sein, sein Wasser ist reich an Kalzium und Magnesium. Eindeutig gut tut es den Fischen: Manche Hechte bringen bis zu 10 kg auf die Waage.

Die Ungarn, die nicht in der Donau oder im Plattensee baden, sind meist gerade irgendwo in ein Thermalbad eingetaucht: Es gibt rund 500 heiße Quellen im ganzen Land, die bereits die Römer zu schätzen wussten. Sich in diese Wasser zu setzen – und sie auch zu trinken –, soll alle möglichen Leiden kurieren. Bis zur Heilung kann man mehrere Partien Schach spielen ...

VISA/Louvet

Budapest

Die Stadt bei km 1648 mit 1,75 Mio. Einwohnern nennt sich auch das »Paris des Ostens« und stellt ihre Schönheit dynamisch und selbstbewusst aus. Bis zum 19. Jh. bestand die ungarische Hauptstadt aus zwei durch die Donau getrennte Städte, dem hügeligen Buda am rechten und Pest am linken Ufer.

Buda

Vom Ende der **Kettenbrücke** führt die **Standseilbahn** *(sikló)* auf den Burgberg zur Budaer Altstadt; Sie kommen gleich nördlich der Schlosstore an. Die Fahrt mit der 1870 eröffneten und 1983 elektrifizierten Bahn ist eine der malerischsten in Budapest.

Burgbezirk

Seit 2002 gehört dieser Stadtteil zum Weltkulturerbe der UNESCO. Hoch über der Donau drängen sich auf einem schmalen Plateau wichtige Bauten. Überragt wird der Burgbezirk vom neugotischen Turm der **Matthiaskirche** (13. Jh.). Hier fand im 15. Jh. König Matthias' Hochzeit statt und Franz Josef wurde 1867 zum König von Ungarn gekrönt. In der Nähe ragt ein ungewöhnliches weißes Bollwerk in die Höhe: Die **Fischerbastei** aus dem 20. Jh. verdankt ihren Namen aber den im Mittelalter für die Verteidigung der Burg zuständigen Fischern.

Königliches Schloss

Der auf dem Burgberg im 13. Jh. unter Béla IV. begonnene und unter Maria Theresia erheblich erweiterte Palast, der im Zweiten Weltkrieg fast völlig zerstört wurde, ist in seiner alten Pracht wiederhergestellt. Der Festungswall bietet einen herrlichen Ausblick auf Pest und die Donau.

Im Gebäude sind heute die **Landesbibliothek** und mehrere Museen untergebracht. Das **Historische Museum** dokumentiert die Stadtgeschichte ab der Bronzezeit. Im Untergeschoss sehen Sie Funde der mittelalterlichen Burg sowie die königliche Matthiaskapelle und den Rittersaal. Eindrucksvoll sind die gotischen Statuen, die man 1974 gefunden hat.

Die **Ungarische Nationalgalerie** umfasst im Mittelteil des Schlosses Werke ungarischer Maler und Bildhauer vom Mittelalter bis zur Gegenwart.

Gellértberg

Die Anhöhe von 235 m ist nach dem Heiligen Gerhard, einem italienischen Missionar, benannt, der das Christentum in Ungarn verbreitete und 1046 den Tod fand, als ihn eine aufgebrachte heidnische Menge hier hinunterstürzte. Auf der nördlichen Seite des Hügels überblickt die **Bronzestatue des Heiligen** – die Hand zum Segen ausgestreckt – die gesamte Stadt.

Die Anhöhe wird von der **Zitadelle** beherrscht, die von den Österreichern nach den Freiheitskämpfen von 1848 gebaut wurde. Im Zweiten Weltkrieg diente sie der deutschen Besatzungsmacht als letztes Bollwerk. In einem dieser Bunker wurde das **Panoptikum 1944** eingerichtet, eine Ausstellung mit Wachsfiguren, die die Belagerung von Budapest im Winter 1944/1945 schildert.

Von überall her sichtbar ist oben auf dem Hügel das gewaltige **Befreiungsdenkmal**, eines der wenigen Sowjetdenkmäler, das nach 1989 stehen blieb.

Rechtes Donauufer

Das Budaer Donauufer ist wegen seiner Thermalquellen als Wasserstadt bekannt. Das **Rudas Gyógyfürdő**, eines der farbenprächtigsten Bäder, ist seit 1556 in Betrieb.

Nur ein Stück nördlich der Kettenbrücke steht am verkehrsreichen *Batthyány tér* die **St. Anna-Kirche**, einer der schönsten Barockbauten Ungarns. Sie wurde Mitte des 18. Jh. vom Jesuiten Ignatius Pretelli im italienischen Stil entworfen. Das Innere überwältigt mit schwarzen Marmorsäulen und grandiosen Statuen.

Weiter nördlich, kurz vor der Margareteninsel, liegt ein weiteres türkisches Bad: das **Király Gyógyfürdő** aus dem 16. Jh., mit einem achteckigen Becken unter einer Steinkuppel.

Pest

Am linken Donauufer nimmt Pest zwei Drittel des Stadtgebiets ein. Die geschäftigen Straßen und breiten Boulevards haben viel zu bieten. Schlendern Sie gemütlich den Fluss entlang in Richtung Stadtzentrum.

Linkes Donauufer

Dieses Ufer beherrscht das imposante neugotische **Parlamentsgebäude** – ein Symbol nationalen Selbstbewusstseins innerhalb der österreichisch-ungarischen Monarchie. Geführte Touren bringen die Besucher zum großartigen Treppenhaus und in den beeindruckenden Kuppelsaal, in dem auch die berühmte Stephanskrone und die ungarischen Kronjuwelen aufbewahrt werden.

Moderne Luxushotels säumen die Uferstraße bis zur Elisabethbrücke. In der Nähe dieser Brücke steht das älteste erhaltene Bauwerk von Pest, die innerstädtische **Pfarrkirche** aus dem 12. Jh., die von den Türken als Moschee benutzt wurde.

Das Herzstück der Fußgängerzone bildet die **Váci utca**, voll bepackt mit trendigen Boutiquen und Straßenverkäufern.

istockphoto.com/Butterfield

Huber/Schmid

Weithin leuchten die bunten Ziegel der Matthiaskirche. | Die renovierte Standseilbahn überwindet auf der 101 m langen Strecke 52 m Höhenunterschied.

Hemis.fr/Arnold

flickr.com/Derose

Zu den Sehenswürdigkeiten gehört auch die riesige **Markthalle** von 1897 am *Vámház körút 1* – in der Nähe der Freiheitsbrücke. Hier gibt es frische Lebensmittel und eine Menge Souvenirs zu kaufen.

Um den kleinen Ring

Bevor Sie in nördlicher Richtung den *Múzeum körút* entlang gehen, lohnt sich am *Kálvin tér* ein Abstecher zum **Kunstgewerbemuseum** in der *Üllői út*. Der mit bunten Keramikfliesen geschmückte Bau verbindet Jugendstil mit ungarischen und maurischen Einflüssen.

Nicht weit von hier liegt die **Holocaust-Gedenkstätte** (*Páva utca 39*). Sie umfasst eine grandiose **Synagoge** sowie einen neuen Gebäudekomplex mit Ausstellungs- und Konferenzräumen. Die Synagoge kann besichtigt werden; deren Museum zeigt Dauer- und Wechselausstellungen.

Zurück nach *Kálvin tér* und den *Múzeum körút* entlang, gelangen Sie zum **Ungarischen Nationalmuseum**, das mit seiner prachtvollen klassizistischen Fassade den Boulevard beherrscht.

Märchenhafter Ausblick von der Fischerbastei auf das Parlamentsgebäude. | Die prachtvolle Staatsoper von Budapest; wer möchte da nicht hingehen, sehen und zuhören?

Die Ausstellung deckt die ungarische Geschichte ab, von der Niederlassung der ersten Magyaren bis zum Zusammenbruch des Kommunismus und zum Aufbau eines demokratischen Staates. Den Höhepunkt bilden die Krönungsinsignien, die in einem verdunkelten Raum ausgestellt sind.

Die Andrássy út

Die schnurgerade 2,5 km lange Andrássy út wurde gegen Ende des 19. Jh. nach dem Vorbild der Champs-Elysées angelegt. Sie beginnt unweit der St.-Stephans-Basilika und verläuft bis zum Stadtpark; seit 1986 gehört sie zum UNESCO-Weltkulturerbe.

Staatsoper

Das Gebäude der Staatsoper von 1884 – im Stil von Neurenaissance und Neubarock – wurde von Miklós Ybl entworfen und zeugt vom goldenen Zeitalter Budapests. Die Prunktreppe ist überwältigend. Gustav Mahler und Otto Klemperer dirigierten hier, Franz Liszt komponierte die Musik für die Eröffnungsfeier.

Haus des Terrors

Das *Terror Háza Múzeum* an der *Andrássy út 60* war 1944 als »Haus der Loyalität« Sitz der ungarischen Nationalsozialisten. Von 1945–56 nutzte der kommunistische Geheimdienst die Räume für Verhöre, Folter und Hinrichtungen. Es wurde renoviert und gilt seit 2002 als eines der interessantesten Museen der Stadt.

Franz Liszt Museum

Rechter Hand der *Andrássy út*, in der *Vörösmarty utca*, dient die ehemalige Wohnung von Franz Liszt (1811–1886) als Museum. Der Komponist verbrachte hier seine letzten Lebensjahre, liegt jedoch in Bayreuth begraben, wo er 1886 starb. In drei Räumen sind Fotos, Briefe sowie der Flügel und der Komponiertisch ausgestellt.

Kodály-Gedenkstätte

Die Gedenkstätte finden Sie an der *VI. Kodály körönd 1*. Zoltán Kodály (1882–1967) war Komponist und Musikpädagoge, nach ihm ist die »Kodály-Methode« benannt. Er widmete sich auf Rat seines Freundes Béla Bartók der Erforschung ungarischer Volkslieder und besaß davon eine große Sammlung.

Heldenplatz

Die Andrássy út endet am Heldenplatz *(Hősök tere)* mit dem **Millennium-Denkmal** in seiner Mitte. Es wurde – wie der Name sagt – für die Tausendjahrfeier von 1896 errichtet. Auf der Spitze der 36 m hohen Säule thront der Erzengel Gabriel.

Museum für Bildende Kunst

Das *Szepmüvészeti Múzeum* an der Nordseite des Heldenplatzes genießt internationale Bedeutung. Wegen Renovierung bleibt das Museum bis 2018 geschlossen, einige Werke sind in der Ungarischen Nationalgalerie zu sehen.

Kunsthalle

Gegenüber dem Museum für Bildende Künste werden in der Kunsthalle, der *Műcsarnok-Galerie*, Wechselausstellungen zeitgenössischer Kunst gezeigt.

Stadtpark Városliget

Budapests Stadtpark wurde 1896 ebenfalls für die Tausendjahrfeier angelegt. In der Nähe des Eingangs liegen ein schöner See und das **Vajdahunyad-Schloss**. Es wurde zum Anlass der Feierlichkeiten als eine angemessene Kulisse gebaut und ist teilweise eine Nachbildung des Schlosses von Hunyadi in Siebenbürgen. Heute beherbergt es das **Ungarische Landwirtschaftsmuseum** *(Magyar Mezőgazdasági Múzeum)*.

Nahebei steht eine Kirche, etwas weiter weg die Statue eines Mannes mit Kapuze (»Anony-

Im Haus des Terrors wird über Totalitarismus und Schicksale vieler Menschen berichtet. | Am Heldenplatz ehrt man Helden, die ihr Leben für die Freiheit Ungarns geopfert haben.

mus«). Sie stellt einen unbekannten, mittelalterlichen Chronisten dar, ohne den die Geschichte Ungarns wohl für immer im Dunkeln geblieben wäre.

Széchenyi-Bad

Das neubarocke Széchenyi-Bad hinter dem Heldenplatz wurde 1913 fertiggestellt, jedoch inzwischen teilweise renoviert. Es ist bei Einheimischen wie bei Touristen sehr beliebt und wird von einer 76 °C warmen Quelle gespeist. Badespaß ist somit auch im Freien das ganze Jahr gewährleistet. Bekannt ist Széchenyi auch für die vielen Schachspieler mit den schwimmenden Brettern.

Von Budapest bis Kalocsa

Die Donau wird auf dieser Strecke von Buschwerk und Bäumen begleitet, rechts zeigt sich auf den ersten 100 km südlich von Budapest hier und da ein Hochufer mit Ortschaften.

Dunaújváros

Das um 1950 auf dem Reißbrett geplante Metallurgiezentrum mit einem großem Hafen (km 1578) entstand an der Stelle des römischen Militärlagers *Intercisa*. Das gleichnamige Museum widmet sich den römischen Anlagen. Seit 2007 quert eine Autobahnbrücke nach Dunavecse.

Puszta. In Ungarns weiter Grassteppe weideten früher große, von Hirten *(gulyás)* bewachte Rinderherden. Das Wort *puszta* bedeutet »kahl« oder »verlassen«; sie sah jedoch nicht immer so aus, sondern war einst von dichten Wäldern bedeckt. Diese wurden unter den Osmanen abgeholzt, die Holz zum Bau ihrer Festungen brauchten. Erst als Graf Szechényi im frühen 19. Jh. Bewässerungsanlagen in Verbindung mit der Theiß errichten ließ, konnte man in der Puszta wieder Weideland anlegen. Im 20. Jh. wechselte man auf Getreideanbau. Großgrundbesitzer zäunten riesige Flächen Land ein und rotteten damit die Viehwirtschaft aus, was zu Armut unter den zahlreichen Bauern führte. Nach dem Krieg wurden die Ländereien unter den Kommunisten verstaatlicht; es entstanden riesige Kollektive, die nach 1989 zerfielen. Seither ist das Land wieder privatisiert worden. Man unterscheidet zwei Teile: die **Bugac-Puszta** (zwischen Donau und Theiß, verbunden mit dem Kiskunság-Nationalpark) und die **Hortobágy-Puszta** östlich der Theiß, das größte Steppengebiet Mitteleuropas, Teil des gleichnamigen Nationalparks und UNESCO-Welterbe.

Dunaföldvár
Dunaföldvár (km 1560), wo eine Brücke die Donau überquert, erinnert mit dem Turm *(Csonkatorony)* und dem **Burgmuseum Dunaföldvár** an die Türkenzeit.

Harta
In Harta (km 1546) am linken Ufer ließen sich im 18. Jh. unter Kaiserin Maria Theresia eine große Anzahl von schwäbischen Siedlern nieder.

Paks
Nicht nur die von Imre Makovecz 1989 gestaltete **Heiliggeistkirche** und die Fischsuppe von Paks (km 1531) sind berühmt, südlich der Stadt an der Donau steht auch das einzige Kernkraftwerk des Landes (km 1526).

Kiskunság-Nationalpark
Im Sandhochland zwischen Donau und Theiß bewahrt der aus neun Einzelgebieten bestehende 530 km^2 große Nationalpark historische Kulturlandschaften der Bugac-Puszta und bedeutende Naturreservate für die Nachwelt.

In diesem Zweistromland begegnet man für die Region typischen Haus- und Weidetieren, aber auch selteneren Vogelarten wie z. B. Löfflern, Purpur- und Silberreihern und man verzeichnet – auf das ganze Gebiet verteilt – über 1300 in Ungarn blühende Pflanzenarten.

Kalocsa
Auf der linken Seite der Donau hält die Stadt Kalocsa (km 1516) für jeden Geschmack etwas bereit – Geschichte, Folklore, Kunst und das originelle Paprikamuseum. Der Ort wurde im 11. Jh. am Ufer gegründet, aber das Flussbett verschob sich, und heute liegt Kalocsa 6 km von der Donau entfernt. Dafür erwies sich das Feuchtland innerhalb der erweiterten Stadtgrenzen als ideal für den Anbau von Obst, Gemüse, Getreide – und Paprika!

Hauptplatz
Zwei »Nationalhelden«, König Stephan (der Heilige) und Franz Liszt, beide in Stein gehauen, dominieren den Hauptplatz *(Szabadság tér)*. Die barocke **Kathedrale Mariä Himmelfahrt** (18. Jh.) erhebt sich auf den Fundamenten mehrerer Kirchen, die bis ins 11. Jh. zurückreichen. In der **Bibliothek des Erzbischofspalastes** befinden sich mehr als 100 000 Bücher, darunter eine von Martin Luther signierte Bibel.

Museen
Die Geschichte der mexikanischen Pfefferschote und ihrer Einbürgerung in Ungarn wird im **Paprikamuseum** nacherzählt.

Das **Károly-Viski-Museum** *(Szent István Király út 25)* beherbergt eine der vielen Folklore-Sammlungen Ungarns.

In derselben Straße zeigt die **Nicolas Schöffer Collection** an der *Szent István Király út 76* im Geburtshaus des Plastikers und Vaters der kybernetischen Kunst, Nicolas Schöffer (1912–1992), einige seiner Werke.

Die Vereinigung der **Volkskunst-Kooperative** hat ihr eigenes Museum sowie Verkaufstellen, in denen man die ausgestellten Stickereien nicht nur bestaunen, sondern auch kaufen kann.

Östlich von Kalocsa

Kecskemét und **Szeged** sind zwei nette Städtchen in einer weiten Ebene, deren weiß getünchte Häuser und leuchtenden Paprikagirlanden einfach zauberhaft sind; in den *csárdas* wird getanzt.

Von Kalocsa nach Mohács

Bis zur ungarischen Grenze fließt die Donau mitten durch Naturparks. Nehmen Sie Ihr Fernglas und halten Sie Ausschau nach Tieren entlang des Ufers.

Sió-Tal

Auf der rechten Seite der Donau, bei km 1499, wo eine moderne Autobahnbrücke die nur langsam fließende Donau überquert, mündet kurz darauf der kanalisierte Fluss **Sió** ein, der seinen 123 km langen Weg vom **Plattensee** (Balaton) bis hierher gemacht hat und von Freizeitbooten und Ausflugsschiffen befahren wird.

Szekszárd

Oberhalb des Sió-Tals, etwa 15 km westlich der Donau, liegt diese Bezirksstadt, bereits seit der Römerzeit ein beliebtes Weinbaugebiet. Sie hat einen hohen Bevölkerungsanteil deutscher und serbischer Abstammung, was auf die 150-jährige Besatzungszeit der Osmanen zurückzuführen ist, als der Ort verödet dalag. Um die Einwohnerzahl wieder zu steigern, wurden im 18. Jh. Siedler aus Nachbarländern willkommen geheißen. König Béla I. aus dem Geschlecht der Arpaden ließ hier im 11. Jh. auf einem Hügel eine befestigte Benediktinerabtei errichten. Am **Béla-Platz** stehen noch das imposante alte Komitatshaus sowie die Überreste der Klosterkirche und einer Kapelle.

Baja

Entlang der von dichtem Urwald begleiteten Donaustrecke bis Baja (km 1479) gelangt man zur südlichsten ungarischen Donaubrücke, **Türr István híd**. Über diesen wichtigen Verkehrsweg verläuft auch die Eisenbahnlinie. Lange vor Inbetriebnahme der Brücke hatten die Türken die strategische Lage des Ortes erkannt und ihn befestigt. Einen Eindruck von Bajas historischer Bedeutung vermittelt das Stadtzentrum nordöstlich des **Szentháromság tér** (Platz der Dreieinigkeit).

Donau-Drau-Nationalpark

Vom Unterlauf des Sió im Norden bis zu Ungarns Landesgrenze im Süden erstreckt sich über 65 Stromkilometer der Donau der – zusammen mit Gebieten entlang der Drau – 500 km² weite *Duna-Drava Nemzeti Park*.

Durch die mal schmale, mal mehrere Kilometer breite Flussaue mit oft undurchdringlichen Waldstreifen ziehen sich zahllose Nebenarme, Altwässer und Tümpel, eine Landschaft, die mit den jahreszeitlich erheblich schwankenden Wasserständen immer wieder ihr Gesicht verändert. Donaureisende durchfahren während vieler Stunden diese wilde Wasser-, Wald- und Insellandschaft auf den verwirrenden Flusswindungen des Hauptstroms. Seiden- und Graureiher, Kormorane und Entenvögel bevölkern die Ufer, Fischadler und Schwarzstörche brüten im Reservat.

Gemencer Wald

Der *Gemenci erdő* ist hauptsächlich für sein Wild berühmt; dieses Jagd- und Überschwemmungsgebiet im Nordwesten des Donau-Drau-Nationalparks können Naturfreunde auf Lehrpfaden und Bootstouren oder mit der Schmalspurbahn erkunden und außer seltenen Vögeln auch Rehe, Hirsche, Biber oder Wildschweine aufspüren. Seit 1996 zählt eine Fläche von 215 km² zum Nationalpark.

Mohács

Die nette Hafenstadt Mohács (km 1447) ist auf ewig mit einem traurigen Kapitel der ungarischen Geschichte verbunden: Am 29. August 1526 unterlagen hier die Truppen Ludwigs II. dem starken Heer von Sultan Suleiman dem Prächtigen. Der ungarische König starb während des Rückzugs, damit begann eine 150-jährige Türkenherrschaft.

Eine der Erinnerungsstätten ist die **Votivkirche**, sie wurde 1926 eingeweiht, 400 Jahre nach der Schlacht bei Mohács. Man könnte sie von der Form her für eine Moschee halten, sie trägt aber auf ihrer Kuppel ein großes Kreuz.

Im **Gedächtnispark**, auf dem ehemaligen Schlachtfeld 6 km südlich der Stadt, stellen Holzskulpturen die Gegner in dem verheerenden Gemetzel dar. Holz gewordene Generäle, Soldaten und Pferde liegen über die Stätte verstreut. Das Gelände wurde 1976 zum 450. Jahrestag der unvergesslichen Niederlage eingeweiht.

Der *Karneval von Mohács* ist ein Anlass, die Vertreibung der Türken zu feiern. Die Einheimischen ziehen dabei bunt kostümiert und mit schaurigen Masken und klingenden Schellen durch die Straßen. Der *Busó-Karneval*, die spektakulärste Folkloreveranstaltung des Landes, bezweckt den Hinauswurf eines anderen Eindringlings: des Winters.

PÉCS

An den Südhängen des Mecsek-Gebirges, 40 km westlich von Mohács und 200 km südlich von Budapest, liegt die Universitätsstadt Pécs (158 000 Einwohner), deren historischer Kern im Hinblick als Europas Kulturhauptstadt 2010 sorgfältig restauriert wurde. Das Klima ist mild, in der Umgebung gedeihen Kastanien, Mandeln, Feigen und Trauben. Unter den Habsburgern blühte Pécs auf, Gewerbe, Handel und Weinbau florierten; Kaiserin Maria Theresia gewährte Pécs den Status einer »freien Reichsstadt«. Aus jener Zeit stammen großartige Residenzen und öffentliche Bauten.

Frühzeit bis 10. Jh.

Beim Stadtrundgang stößt man auf Spuren der Kelten, Römer, Türken, Germanen und Ungarn. Unter Kaiser Hadrian hieß Pécs *Sopianae* und war Hauptstadt der Provinz Pannonia.

Im Jahr 2000 hat die UNESCO die **altchristliche Nekropole** (nahe *Ferencesek utcája*) zum Weltkulturerbe erklärt. Ein erstes offizielles Symbol des Christentums soll aus Pécs stammen.

Im 9. Jh. gab es in der Stadt bereits fünf christliche Gotteshäuser, was ihr den Namen *Quinque Ecclesiae* (»Fünfkirchen«) eintrug. Der heutige Name Pécs (»Fünf«) ist slawischen Ursprungs. König Stephan I. (István, 997–1038) gründete 1009 das Bistum Pécs.

Unruhen und Türkisches Erbe

Als die Gefahr eines türkischen Angriffs auf Ungarn drohte, ließ König Matthias die mit Zinnen besetzte **Barbakán** (Rundbastei) errichten, um den befestigten Bischofsbezirk (die Burg) zu verstärken; die Bastei steht noch neben dem Bischofspalast.

Nach der Schlacht von Mohács (1526) fielen die Osmanen in Pécs ein und besetzten es ab 1543. Kirchen wurden als Moscheen genutzt, man baute Bäder und Minarette, und an die Stelle des Markts trat ein Basar. Die Türken führten auch neue Traubensorten ein, darunter die *kadarka*. Nach der Vertreibung der Türken fiel Pécs an das Habsburgerreich.

Rund um Széchenyi tér

Um den langgezogenen Hauptplatz gibt es mehrere wichtige Sehenswürdigkeiten.

Die hohe Kuppel und die Arkaden der **Kassim-Pascha-Mosche** stammen aus muslimischer Zeit, doch steht heute ein Kruzifix über der Gebetsnische. Das Minarett wurde im 18. oder 19. Jh.

zerstört, aber man fand eine Marmortafel mit einem Koranvers in ungarischer Sprache. Seit 1868 finden hier nur christliche Zeremonien statt. Der Frühgeschichte und Römerzeit kommt man unmittelbar nördlich der Moschee im **Archäologischen Museum** auf die Spur *(Széchenyi tér 12)*.

Neben Papier, Zucker, Eisen und Kohle wurde im 19. Jh. auch Porzellan wichtig. Die »Zsolnay-Manufaktur« entstand 1853. Viele Fassaden der Stadt sind mit Keramikfliesen geschmückt. Den **Zsolnay-Brunnen** am Südende des Platzes zieren Stierköpfe aus Porzellan.

Unweit davon befindet sich das **Tourismusbüro** und gegenüber das **Rathaus**, ein prachtvoller Bau aus dem 20. Jh., wie auch derjenige des **Pécser Nationaltheaters** östlich des Szechenyi-Platzes *(Színház tér 1)*.

Christliche Spuren und Museen

An der *Janus Pannonius utca 1* birgt das **Csontváry-Museum** die größte Sammlung des gleichnamigen Künstlers (naive Malerei).

Der **Dom St. Peter und Paul** am *Szent István tér 23* wurde Ende des 19. Jh. zu einer monumentalen viertürmigen Basilika im Stil der »toskanischen Romanik« umgebaut. Bei Ausgrabungen in der Nähe kamen zahlreiche frühchristliche Grabgewölbe zutage.

David Warden

Der mit Porzellan verzierte Zsolnay-Brunnen in Pécs.

Victor Vasarely (1906–1997) kam in Pécs zur Welt. Viele seiner Werke sind im **Vasarely-Museum** an der *Káptalan utca 3* nur wenig weiter nordöstlich zu sehen. Das **Zsolnay Museum** nebenan *(Káptalan utca 2)* erläutert die Geschichte der Manufaktur.

Die **Moderne Ungarische Gemäldegalerie I + II** stellt an zwei Standorten aus, an der *Káptalan utca 4* und auf der anderen Seite der *Junyadi János utca*, an der *Papnövelde utca 5*.

Südliches Stadtzentrum

An der **Synagoge** von 1869 *(Kossuth tér 1/Fürdö)* ist eine Gedenktafel für die Opfer des Holocaust angebracht; 90 % der Juden von Pécs kamen im Auschwitz um.

Die **Moschee Pascha Hassan Yakovali** an der *Rákóczi út* ist bis heute eine muslimische Gebetsstätte geblieben und beherbergt ein kleines Museum.

Das sehenswerte Naturreservat Kopački rit zwischen Donau und Drau.

Kroatische Zentrale für Tourismus

Flussabwärts bis Belgrad

Nachdem die Donau Ungarn bei km 1433 verlassen hat, wird sie für 137 km zur Grenzlinie zwischen Kroatien und Serbien und heißt nun nicht mehr Duna, sondern Dunav.

Bezdan

Eine Brücke (km 1425) verbindet das am Hang gelegene kroatische Dorf Batina mit dem 5 km entfernten serbischen Städtchen Bezdan. Der am Anfang des 19. Jh. gebaute, 123 km lange Franzenskanal zwischen Donau und Theiß nimmt hier seinen westlichen Anfang. Die um 1880 von Gustave Eiffel entworfene Schleuse zum heutigen **Veliki-Bački-Kanal** wird, wie viele Abschnitte des künstlichen Wasserstraßennetzes, der Schifffahrt des 21. Jh. nicht mehr gerecht.

Batschka

Die fruchtbare Ebene Batschka (Bačka) nördlich der Donau erstreckt sich von Ungarn über die serbische Grenze bis in den Süden – bis nach Novi Sad – und im Osten endet das Zweistromland am Flussverlauf der Theiß. Der Landstreifen war nach der Vertreibung der Türken die neue Heimat von deutschen Siedlern, den sogenannten »Donauschwaben«.

Apatin

Auch Apatin (km 1401) wurde im 18. Jh. von Siedlern aus Deutschland gegründet und war für seine Hanfseile und sein Bier bekannt. Obschon die riesigen Silos der Jelen-Brauerei noch den Blick auf die serbische Stadt beherrschen, ist heute nur ein verschwindend geringer Teil der Bevölkerung deutsch.

Naturpark Kopački rit

Schon hier macht sich am kroatischen Ufer die weit ausgedehnte Schwemmlandschaft im Mündungsgebiet der **Drava** (Drau) bemerkbar. Der Fluss entspringt im Südtirol und lässt nach der Schneeschmelze und den herbstlichen Regen den Wasserstand sehr oft anschwellen.

Der im Donau-Drau-Zwickel gelegene Naturpark Kopački rit ist ein 239 km² großes Eldorado für Fische (44 verschiedene Arten) und eines der bedeutendsten Vogelreservate Europas (über 300 Arten): Zehntausende Zugvögel, unter ihnen der seltene Schelladler, überwintern hier, Schwarzstörche und Seeadler ziehen hier ihre Jungen auf. Die Donau schlängelt sich bis zur Draumündung (km 1383) und, mit stark vermehrter Wasserfracht, darüber hinaus in vielen Windungen dahin; Inseln, Seitenarme und Untiefen erschweren die Schifffahrt erheblich.

istockphoto.com/Mrak_Hr

flickr.com/Korom Dr.

Die Kathedrale St. Peter in Đakovo aus der Ferne und nächster Nähe.

Osijek

Die bedeutendste Stadt des im äußersten Osten Kroatiens gelegenen Landesteils Slawonien, Osijek (110 000 Einwohner), liegt 20 km flussaufwärts des Kopački rit. Am Fluss lebten im Laufe der Geschichte Illyrer, Römer, Ungarn und Slawen; die Türken bauten eine Holzbrücke über die Drau und eine Festung, die später die Donaumonarchie zur barocken Altstadt oder Festung (kroatisch *tvrdja*) umwandelte.

Das städtische Leben, gut aufgelockert durch die Studenten der hiesigen Hochschule, spielt sich heute in Flussnähe, in der Unterstadt *(donji grad)* ab.

Die *Europska Avenija* – von schmuckvollen historistischen, Jugendstil- und Wiener Sezessions-Bauten flankiert – führt zur »älteren Oberstadt« *(gornji grad)*, obwohl die Stadt eigentlich flach ist. Weithin sichtbar ragt der Turm der 1898 errichteten neugotischen **Kathedrale St. Peter und Paul** auf. Initiator dieses Kirchenbaus war der in Osijek geborene Josip Juraj Strossmayer (1819–1905), später ein politisch aktiver Bischof mit Sitz in Đakovo.

Đakovo

In dieser Kleinstadt, rund 60 km südlich von Osijek, fällt die riesige neuromanisch-neugotische **Kathedrale St. Peter** (1866–82) auf, in der Josip Juraij Strossmayer auch begraben liegt. Dieses ländliche Zentrum ist bekannt für sein alljährliches Folklore- und Stickereifestival im Juli (seit 40 Jahren). Den Höhepunkt bilden ein Festzug und ein Pferderennen, denn Đakovo kennt man auch für sein 500-jähriges Gestüt. Seit 200 Jahren pflegt es die Lipizzanerzucht.

Vukovar

Ein guter Ausgangspunkt für Ausflüge in die fruchtbare Gegend westlich der Donau ist der Hafen Vukovar (km 1333).

Als trauriges Wahrzeichen dient der vom Fluss aus sichtbare, zerschossene Wasserturm: Die Hauptstadt des Bezirks Srijem mit ihren Kirchen, Bürgerhäusern und Arkadengängen nahe dem Barockschloss der Grafen von Eltz galt früher als Juwel der städtischen Barockarchitektur. 1991 wurde der Ort von August bis November (Kampf von Vukovar) im Kroatien-Krieg (1991–1995) stark beschädigt.

1998 ging das von Serbien besetzte Ostslawonien an Kroatien zurück. Der Wiederaufbau kam in Gang und restaurierte Altbauten, wie z. B. das **Franziskanerkloster** und andere Bauwerke, lassen inzwischen auf eine neue Blüte der wichtigsten kroatischen Hafenstadt an der Donau hoffen.

Regenzauber. Nicht nur die Indianer Nordamerikas bitten den Großen Manitu mit einem Tanz um Regen; solche Bräuche sind auch an der Donau bekannt. So gab es in Bačka Palanka ein Erntefest, bei dem Männer und Frauen tanzten, sich gegenseitig mit Wasser begossen und in Liedern um Regen baten. Eine Mädchengruppe zog durch das Dorf, und ihre nur mit Blumen, Gras und Blätterwerk bedeckte Anführerin ließ sich bei allen Häusern mit einem Schwall Wasser empfangen ...

Ilok

Der ufernahe Hügel bietet einen idealen Ausblick, hier wacht die **mittelalterliche Festung**, geschützt durch eine Stadtmauer aus Backstein. Der restaurierte Kirchturm des **Franziskanerklosters** (14. Jh.) ragt daraus hervor. Ilok ist stolz auf das **Muzej Grada Iloka**, das Stadtmuseum, das in einem Barockpalast *(Šetalište oca Mladena Barbarića 5)*, untergebracht ist. Vom kroatischen Ilok führt bei km 1297 eine 740 m lange Straßenbrücke über die Donau zum serbischen Bačka Palanka.

Bačka Palanka

In Bačka Palanka (Plankenburg) kann die serbisch-orthodoxe **Kirche des hl. Johannes des Täufers** (18. Jh.) besucht werden. Ab km 1296 fließt die Donau während 221 km nur durch Serbien.

Fruška Gora

Ab Ilok erstreckt sich am rechten Ufer – über 80 km beinahe bis nach Novi Sad – der Hügelzug Fruška Gora (»Frankenberg«), an dessen Hängen Pflaumen und Trauben gedeihen. In seinen bewaldeten Gegenden sind etwa fünfzehn Klöster, vorwiegend aus dem 16. Jh., verstreut, die der serbisch-orthodoxen Kirche angehören. Das Gebiet von 255 km² wurde zum Nationalpark erklärt, nur ein kleiner Teil des westlichen Zipfels gehört zu Kroatien.

Nat. Tourismus Organisation Serbiens

Nat. Tourismus Organisation Serbiens

Nat. Tourismus Organisation Serbiens

Nat.Tourismus Organisation Serbiens

Novi Sad

Bei km 1255 erreichen Sie den Hauptort der Region Wojwodina: Novi Sad – auf deutsch Neusatz. 1748 wurde Novi Sad zur königlichen Freistadt ernannt, 1848/49 machten es die Ungarn fast völlig dem Erdboden gleich. Im 19. Jh. stieg der Ort zum kulturellen und geistigen Mittelpunkt der Serben innerhalb der austro-ungarischen Monarchie auf, was ihm den Namen »Serbiens Athen« eintrug.

Heute ist Novi Sad mit 360 000 Einwohnern auch eine Universitätsstadt. Novi Sad besitzt ein sehr attraktives **Museum für zeitgenössische Kunst der Wojwodina**, es fördert auch die Kreativität der Jüngsten und deren Beziehung zur Kunst. In der Stadt werden Festivals und kulturelle Veranstaltungen »am laufenden Band« organisiert.

Seit Oktober 2005 stehen die in 1999 zerstörten Brücken wieder; bei km 1254 die provisorische Eisenbahnbrücke, bei km 1255 die Brücke **Varadinska Duga** und die schönste unter ihnen – die 1312 m lange und 27,6 m breite Schrägseilbrücke, die **Freiheitsbrücke** *(Most Slobode)*.

Fresken im orthodoxen Kloster Novo Hopovo (Fruška Gora). | Ein willkommener Durstlöscher. | Die Festung Petrovaradin blickt auf Novi Sad. | Das Barockstädtchen Sremski Karlovci.

DIE THEISS

Bei km 1214 mündet die Theiß (ukrainisch Tyssa, serbisch *Tisa*, ungarisch *Tisza*) nach einer langen Reise aus den Waldkarpaten (Ukraine) und durch die Große Ungarische Tiefebene (*alföld*) in die Donau und lässt sie gewaltig anschwellen. Die Theiß ist mit 977 km (490 km sind schiffbar) der längste Nebenfluss der Donau. Die Theiß legt auf ungarischem Gebiet sogar eine längere Strecke zurück als die Donau, nämlich 597 km. Früher trat die Theiß häufig über die Ufer, heute jedoch ist sie begradigt, wird zur Elektrizitätsgewinnung und Bewässerung genutzt, und Tausende Kilometer von Dämmen regulieren ihr Gewässernetz. Die bekanntesten Städte an den Ufern der Theiß sind Tokaj im Nordosten und Szeged, im Süden des Landes. Tokaj ist für seinen süßen Wein berühmt, Szeged für Salami und scharfe Fischsuppe.

Tokaj

Tokaj liegt dort, wo die Theiß im rechten Winkel nach Süden abbiegt und mit dem Bodrog zusammenfließt. In Terrassen angelegte Weingärten ziehen sich an den Hügeln über der Stadt hinauf, und im Zentrum mangelt es nicht an Kellern, in denen man den »Wein der Könige« und »König der Weine« verkosten kann. Das **Tokaji Múzeum** berichtet über den goldenen Tropfen. Das Anbaugebiet gehört seit 2002 zum Weltkulturerbe der UNESCO.

Szeged

Szeged ist Ungarns drittgrößte Stadt, nicht weit von der rumänischen und serbischen Grenze entfernt. Hier soll die Sonne im Jahr mehr als 2000 Stunden scheinen. Im Herzen der Stadt steht am weiten *Széchenyi tér* das **Rathaus.** Es wurde nach der großen Flut 1879 im neubarocken Stil wieder errichtet. Südlich vom Platz liegt das verkehrsfreie Einkaufsviertel. Das Wahrzeichen der Stadt ist die **Kathedrale von Szeged** »Unserer Lieben Frau von Ungarn« (1913–1930) gewidmet. Vor der Kirche steht der **Demetrius-Turm** – das einzige mittelalterliche Bauwerk. In der **serbisch-orthodoxen Kirche** (18. Jh.) ist die geschnitzte Rokoko-Ikonostase mit 80 Ikonen von Jován Popovics zu bewundern. Am Theiß-Ufer, *Roosevelt tér,* gibt das **Ferenc-Móra-Museum** einen Einblick in Szegeds Geschichte. Die **Neue Synagoge** ist ebenfalls eindrücklich.

Petrovaradin
Sehenswert ist die imposante Festung Petrovaradin (Peterwardein) gegenüber von Novi Sad am rechten Flussufer; sie gehört zu den größten Europas. Die bereits im 13. Jh. von Mönchen befestigte Zitadelle fiel im 16. Jh. an Suleiman den Prächtigen. 1716 gelang es Prinz Eugen von Savoyen, die Türken zu vertreiben. Die Habsburger nahmen den Bau einer neuen Zitadelle in Angriff, nach Plänen des französischen Festungsbaumeisters Vauban. Beachten Sie die Turmuhr: Der Stundenzeiger ist länger als der Minutenzeiger. Als Napoleons Truppen in die Nähe Wiens rückten, brachte man die Schätze des Kaiserhofs hierher in Sicherheit. Mitte des 19. Jh. besetzten ungarische Freiheitskämpfer Petrovaradin, wurden aber von kaisertreuen Kroaten und Serben überwältigt. Die Festung diente lange Zeit als Kaserne und Gefängnis, in dem so illustre »Gäste« wie Josip Broz, der spätere Marschall »Tito«, untergebracht waren.

Sremski Karlovci
Sremski Karlovci bei km 1246, mit deutschem Namen Karlowitz, ist bekannt für den »Frieden von Karlowitz« – ein Vertrag von 1699 zwischen dem Osmanischen Reich auf der einen und Österreich, Polen, Venedig und Russland auf der anderen Seite –, der den Großen Türkenkrieg beendete und Österreich zu einer Vormachtstellung im Balkan verhalf. Angeblich wurde der Raum, in dem die Verhandlungen stattfanden, mit vier Türen versehen, da sich die Delegationen nicht einigen konnten, wer zuerst ein-

treten sollte. Ansonsten ist Karlowitz für seinen ausgezeichneten Rotwein berühmt; kosten Sie ihn an Ort und Stelle, in einem gemütlichen Restaurant der netten Kleinstadt.

Stari Slankamen

Die Festung Stari Slankamen (km 1215) erinnert an eine Schlacht 1691 gegen die Türken; heute kommen die Besucher wegen der warmen und salzhaltigen Quellen hierher.

Zemun

Zemun (km 1173), deutsch Semlin, ist bereits ein Vorort Belgrads, hat aber als *Taurunum* seit den Römern seinen Platz in der Geschichte. Nach 1526 war es eine osmanische Festung; später fiel es an Österreich, und bis 1918 verlief hier die Grenze zu Ungarn.

Belgrad

Seit Juni 2006 ist Belgrad die Hauptstadt der Republik Serbien, sie liegt am Zusammenfluss von Donau und Save bei km 1170 und ist eine der vier Landeshauptstädte an der Donau.

Gemeinsam mit Wien, Bratislava und Budapest war das heutige Belgrad schon in vorrömischer Zeit ein Knotenpunkt in Europas Handels- und Verkehrsnetz. Bei der Teilung des Römischen Reichs 395 wurde die Macht von Rom nach Konstantinopel verlegt und Belgrad gehörte fortan zu Byzanz; noch heute bekennt sich die Bevölkerung zum orthodoxen Glauben. In den folgenden Jahrhunderten herrschten Bulgaren, Ungarn und Österreicher über die Stadt – und die Osmanen, die sich erst 1867 zurückzogen.

Nat. Tourismus-Org. Serbiens

fotolia.com/Vladimirnenezic

hemis.fr/Giuglio

Das 20. Jh. legte der Stadt neue Prüfungen auf: Sie wurde während der beiden Weltkriege zerstört und sowohl von Österreich als auch von Deutschland besetzt. Nach dem Zweiten Weltkrieg wandelte sich die Kleinstadt zu einer modernen Metropole mit 1,9 Mio. Einwohnern. Dabei wurde der Akzent auf die Förderung von Wissenschafts-, Bildungs- und Kulturstätten gelegt. Seit dem Zerfall Jugoslawiens bemüht sich Serbien, in die Zukunft und Richtung Europa zu blicken, und reichte 2009 den Antrag auf eine Mitgliedschaft in der EU ein; seit März 2012 ist Serbien EU-Beitrittskandidat; die Verhandlungen wurden im Juni 2013 offiziell aufgenommen.

Zitadelle von Belgrad

Über dem Zusammenfluss von Donau und Save erhebt sich auf dem Plateau geannt **Kalemegdan** die Zitadelle, die aus der **Oberen** und der **Unteren Burg** besteht. In der Oberen Burg errichteten die Römer ab dem 1. Jh. n. Chr. Wehranlagen, die die Byzantiner Jahrhunderte später verstärkten. Die Habsburger quartierten die

Die Zitadelle von Belgrad flößt noch heute Respekt ein. | Hecken und Mauerwerk unterteilen den Park rund um die Festung. | Gemütliche Gastronomie im Stadtviertel Skadarlija.

Türken 1717–39 aus und bauten die Festung zu einem Bollwerk aus. Die Zitadelle, die heute ein Militärmuseum beherbergt, der römische Brunnen, ein türkisches Mausoleum, Wälle, Türme und Tore zeugen von der Vergangenheit. Das türkische Bad unterhalb wurde in ein Planetarium umgewandelt und rund um die Festung entstand der größte Stadtpark mit Attraktionen und einem Zoo.

Stadtzentrum

Das quirlige Stadtzentrum liegt zu Füßen der Festung, es ist aber auch vom Hafen an der Save über eine Treppe leicht erreichbar.

Varoş kapija

Westlich der *Knez Mihailova* und seitens der Treppe zum Hafen gibt es in diesem alten Stadtviertel lohnende Sehenswürdigkeiten.

Die **Residenz des Patriarchen** birgt das **Museum der serbisch-orthodoxen Kirche**, ihr gegenüber erhebt sich die **Kathedrale des hl. Erzengels Michael** *(Saborna crkva)*, die 1837–40 in klassizistischem Stil und mit Elementen des Spätbarocks erbaut wurde. Unter dem Altar und in der Krypta sind serbische Herrscher beigesetzt, unter ihnen Miloš Obrenović (1783–1860), der Gründer eines »selbstständigen serbischen Fürstentums«. Derselbe Obrenović ließ 1831 für seine Frau die weiße **Residenz der Fürstin Ljubica** *(Konak kneginje Ljubice)* erbauen. Sie ist mit antiken Möbeln ausgestattet und man spürt den türkischen Einfluss, insbesondere beim Hamam.

In der Nähe *(18 Vuka Karadzicaha)* hat das **Museum für angewandte Kunst** *(Muzej primenjene umetnosti)* seinen Sitz.

Knez Mihailova

Von Kalemegdan her verläuft die denkmalgeschützte Straße nach Süden. Die ehemalige Römerstraße ist heute eine lebhafte Fußgänger- und Einkaufszone, gesäumt von Fassaden im Barock- und Jugendstil und im Stil des sozialistischen Realismus.

Ethnografisches Museum

Nördlich der Knez Mihailova, an der Ecke des **Studentski Park**, stellt das *Etnografski muzej (Studentski trg 13*) serbische Kunst aus und widmet sich Folklore und Tradition.

Platz der Republik

Den *Trg Republike* überragen eine Reiterstatue mit Fürst Mihajlo Obrenović – der im Befreiungskampf gegen die Türken eine wichtige Rolle spielte – und das **Nationaltheater** *(Narodno pozorište)*. Das **Nationalmuseum** *(Narodni muzeum)* befindet sich im Umbau; nicht die Sammlungen, nur kleinere Ausstellungen sind zu sehen.

Skadarlija

Besuchen Sie das Künstlerviertel Skadarlija – im Dreieck zwischen *Cara Dusana*, *Bulevar Despota Stefana* und entlang *Skadarska,* mit Cafés und Restaurants.

Hier verkaufen Kunstmaler ihre Werke und Straßenmusikanten sorgen für Stimmung. In den gemütlichen Restaurants und Weinstuben ist bis in die frühen Morgenstunden etwas los.

Außerhalb des Stadtzentrums

In südlicher Richtung gelangen Sie zur Kathedrale des hl. Sava und zum Topčider Park. Eine andere Skyline erwartet Sie jenseits der Save oder noch von einem Bootsausflug aus.

Kathedrale des heiligen Sava

Aus fast allen Richtungen dominiert das Bild auf dem 134 m hohen Vračar-Plateau von der gewaltigen Kuppel der Kathedrale (auch Dom des heiligen Sava – *Hram svetog Save* genannt). Sie bietet 11 000 Gläubigen Platz und ist damit eine der größten orthodoxen Kirchen der Welt. Der Bau wurde 1935 begonnen, aber erst 2004 eingeweiht; die Arbeiten im Innern sind noch im Gange. 18 vergoldete und unterschiedlich große Kreuze schmücken die Kuppeln. In den Türmen hängen 49 Glocken. Vom Plateau haben Sie einen herrlichen Blick auf das Zentrum.

Topčider und Ada Ciganlija

Südlich der Kathedrale erstreckt sich der mit Platanen bestandene **Park Topčider**, ein beliebter Ausflugsort der Belgrader mit dem 1831–33 errichteten Palais und der Privatkirche des Fürsten Miloš Obrenović. Westlich davon umfließt die Save die **Insel Ada Ciganlija** mit einem Golfplatz.

Am linken Saveufer

Im Stadtviertel Novi Beograd liegt das **Museums für zeitgenössische Kunst** *(Muzej savremene umetnosti)*; es öffnet nur ab und zu für Wechselausstellungen. Lohnend ist eine Bootsfahrt auf der Save mit Blick auf die Festung und die Stadt. Eine Straßen- und Eisenbahnbrücke überquert bei km 1167 die Donau.

Ausflüge von Belgrad

Ein beliebtes Ausflugsziel ist der 18 km von Belgrad entfernte **Avala-Berg** mit dem 205 m hohen Fernseh- und Aussichtsturm.

Topola liegt 80 km südlich von Belgrad auf dem Hügel Olpenac. Seine kleine Festung war 1804 Ausgangspunkt des Ersten Serbischen Aufstands gegen die Türken. Karadorde, der Anführer der Rebellion und Gründer der Stadt, ist in der reich geschmückten St.-Georgs-Kirche begraben. Ferner sind das Mausoleum der Dynastie, ein Museum und die königliche Villa von Peter I. zu sehen.

Zwischen Belgrad und Ram

Drau, Theiß und Save lassen die Donau nach Belgrad zu einem breiten Strom anschwellen. Zitadellen und Festungen am Ufer zeugen von bewegter Geschichte.

Smederevo

Der serbische Despot Djuradj Brankovic ließ die Festung 1430 errichten, 1459 nahmen sie die Osmanen ein. Nach der Pipelinebrücke (km 1113) zur vorgelagerten Insel ist die Straßenbrücke (km 1112) für die nächsten 169 km die letzte feste Verbindung der beiden Ufer. Am rechten Ufer mündet bei km 1104 die **Velika Morava** und wenig später bei Kostolac, km 1094, die **Mlava** in die Donau, wo sich einst *Viminacium* befand, die Hauptstadt der römischen Provinz Moesia Superior.

Ram

Kurz vor der serbisch-rumänischen Grenze steht die kleine Festung **Ramski Grad** (km 1077). Eine Fähre verbindet Ram mit **Banatska Palanka**, dem letzten serbischen Ort am linken Donauufer. Der gewundene Unterlauf und Zufluss der **Nera** bildet kurz darauf die Grenze zu Rumänien.

Kathedrale des hl. Sava in Belgrad. | Tradition und Freizeit in der Wojwodina, außerhalb des Stadtzentrums. | Blick auf das moderne Belgrad.

istockphoto.com/V. Marinkovic

Nat. Tourismus Organisation Serbiens

Nat. Tourismus Organisation Serbiens/D. Bosnic

Unterwegs zum »Eisernen Tor« – am Flussverlauf »Unterer Kazan« mit dem kleinen Kloster von Mraconia am linken Donauufer.

Huber/Schmid

Flussabwärts bis Silistra

Ab Ram bildet die Donau auf den folgenden 229 Stromkilometer die rumänisch-serbische Grenze und steuert auf die Hügelzüge der Karpaten zu.

Veliko Gradište

Das serbische Veliko Gradište (km 1059), wo unter dem römischen Kaiser Hadrian ertragreiche Kupfervorkommen ausgebeutet wurden, wird heute von der internationalen Schifffahrt für Grenzrevisionen angefahren.

Moldova Veche

Der Ort am linken Donauufer (km 1048) war der Standort der Römersiedlung *Mudava* und einst eine wichtige Lotsenstation für die flussabwärts folgende, gefährliche Donauschifffahrt.

Zum »Eisernen Tor«

Unterhalb von Moldova Veche beginnt die 130 km lange, heute immer noch sogenannte **Kataraktenstrecke**, die in früheren Zeiten die Schiffer in Angst und Schrecken versetzte. Der reißende Strom wurde durch den Bau zweier Kraftwerke gestaut und ist jetzt harmlos; er endet bei Drobeta-Turnu-Severin (rumänische Seite) oder Kladovo am serbischen Flussufer. Immer noch kräftig ist die Strömung an den Engstellen, aber der Wasserspiegel liegt heute 35 m höher als vor dem Bau der Stauwehre. 25 000 Bewohner aus 17 Orten mussten umgesiedelt werden. Die Fahrt bis zum »Eisernen Tor«, wie der letzte Teil des Engtals genannt wird, beeindruckt durch ihr einmaliges Landschaftsbild bis heute – beidseits der Donau ragen steile Gebirge auf.

Burg Golubac

Am rechten Ufer taucht bei km 1039 die düstere Silhouette der Burg Golubac auf. Selbst als Ruine wirkt die Burg, die 260 Jahre lang in türkischem Besitz war, mit ihren neun gewaltigen – durch Ringmauern verbundenen Türmen – Ehrfurcht gebietend. Aus der Mitte des Flusses ragt der **Babakai-Felsen**. Ein Bild, das sich als Kulisse von Sagen und Legenden geradezu anbietet …

Schluchten und Nationalpark

Die folgenden Flussabschnitte mit steilen Schluchten (»Klissura«) im Wechsel mit Buchten und breiteren Flusspassagen, sind nicht nur eine landschaftliche Augenweide, sondern enthalten auch Zeugnisse aus Geschichte und Prähistorie. Serbien hat einen 2–8 km breiten Hinterlandstreifen der 103 km langen Donaustrecke von der Festung Golubac bis zum Kraftwerk Đerdap 1 zum **Nationalpark Đerdap** ernannt, ein Gebiet von 636 km^2.

Golubac-Klissura

Entlang der Golubac-Klissura (km 1040–1026) trifft man bei km 1036 auf eine Erinnerungstafel an Gábor Barosz: Als ungarischer Verkehrsminister leitete er 1886–1892 die Regulierung der Donau-Stromschnellen ein.

Im anschließenden **Liubkova-Becken** (km 1026–1015) haben am linken Ufer die Orte Liubkova, Berzasca und Drencova recht viel Platz, während sich das serbische Dorf Dobra (km 1021) am rechten Ufer in ein schmales, bewaldetes Tal drängt. Sein malerischer Friedhof liegt direkt an der Donau. In **Drencova** (km 1016 rumänische Seite) war einst die Dampfschifffahrt zu Ende: Hier musste man auf kleine Boote umsteigen oder die gefährlichen Stromschnellen mit einem Wagen umgehen.

Obere Klissura

Gornja Klisura heißt das Engtal der Stromkilometer 1015–999. Bei km 1011 erinnert auf der rechten Seite eine nur bei genügend niedrigem Wasserstand sichtbare Tafel an den Straßenbau unter Kaiser Tiberius (14–37 n. Chr.) und seinen Nachfolgern. Die Römerstraße war in die Felswand gehauen oder verlief streckenweise als Galerie über die in die Felsen befestigten Balken am rechten Ufer; erst Trajan (98–117 n. Chr.) wird sie vollenden; jetzt ist sie im gestauten Wasser verschwunden.

Die Siedlung **Lepenski Vir** (km 1004), die auf die Zeit von 8000–4000 v. Chr. zurückgeht, wurde 1965 entdeckt und zum Schutz auf eine Anhöhe über den Fluss verlegt. Die komplexen Grundrisse der ausgegrabenen Gebäude

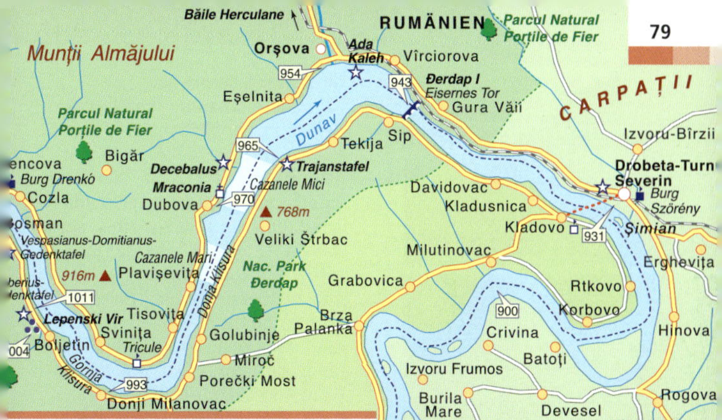

zeugen von der hohen Entwicklungsstufe dieser Kultur, und die groben Flusskiesel – mit eingehauenen und fischähnlichen Gesichtern – die man hier fand, sind die ersten Skulpturen dieser Art im europäischen Raum.

Untere Klissura

Beim markant vorspringenden rötlichen Felsen **Greben** (km 999) beginnt die *Donja Klisura* (km 999–km 965) zunächst mit dem bis zu 2 km breiten **»Becken von Milanovac«**. Das rumänische **Svinița** (km 995) und das serbische **Donji Milanovac** (km 991) haben nach der Inbetriebnahme der Wasserkraftwerke an höheren Stellen ihre neuen Standorte gefunden. Bei **Tricule** ragen nahe dem rumänischen Ufers zwei Ruinen eines einst dreitürmigen Wachtpostens aus dem Wasser.

istockphoto.com/stanciuc

wikimedia.org/Richtefeld

wikimedia.org/Kunike

wikimedia.org/Kokelburg

Naturpark Eisernes Tor

Rumänien ernannte die Ufer der Donau im Jahr 2000 zum *Parcul natural Portile de Fier* (Naturpark Eisernes Tor), 2007 wurde er zum Schutzgebiet der Weltnaturschutzunion (IUCN) und seit 2011 ist er auf der Liste der Ramsar-Konvention (Feuchtgebiete und Lebensraum für Wasservögel). Er erstreckt sich über 1 156 km^2, im Westen von der Mündung der Nera bis hinter das Kraftwerk Đerap 1 im Osten. Der serbische Nationalpark Đerap und der rumänische Naturpark sollen zu einem Biosphärenreservat vereinigt werden.

Enge von Kazan und Dubova

Diese Verengungen (km 974–km 965) sind spektakulär. Die Ein- und Ausfahrten des **Oberen Kazan** (ab km 974) dürfen Schiffe nur einzeln passieren, die Fahrrinne ist nur 100 m breit, die Strömung stark und das Flussbett über 80 m tief.

Bei **Dubova** (km 970) weitet sich die Donau zu einer Bucht, um gleich darauf im **Unteren Kazan** (km 969) wieder zu einer Engstrecke zu schrumpfen, an der bei

Der Dakerfürst Decebal behält die Flusskreuzfahrer im Auge. | Tabula Trajana, ein Stück römischer Geschichte. | Das Herkulesbad lockt seit dem Ende des 19. Jh. Gäste hierher.

km 967 am rumänischen Ufer das adrette **Kloster Mraconia** die Blicke auf sich zieht. An der Mündung des Mraconia schaut das strenge Antlitz des letzten **Dakerfürsten Decebal** (87–106) – ein in den Fels geschlagenes 40 m hohes Relief – auf alle Vorüberfahrenden.

Tabula Trajana

Beachten Sie am rechten Ufer (km 965) die Trajanstafel, die in schlichten Worten an die Errichtung der »Trajansstraße« entlang der Donau erinnert – für die damalige Zeit eine Meisterleistung. Um die Tafel vor dem Untergang im Stausee zu bewahren, brachte man die Inschrift von 101 n. Chr., (zu Ehren des römischen Kaisers Trajan) einige Meter höher an.

Orşova

Das Strombett weitet sich im Becken von Orşova (km 965–950); im serbischen Tekija (km 956) legen Ausflugsschiffe an. Gegenüber liegt die tief eingeschnittene Bucht von Orşova (km 954), die mit der Eisenbahn und der Europastraße 70 verbunden ist. Das Dorf Orşova ist gekrönt vom **Kloster St. Ana**, während an der Ostseite moderne Hafenanlagen und Werftbetriebe das Bild bestimmen.

Das ehemalige römische Siedlung *Tierna*, wo die Trajansstraße einst begann, konnte nicht gerettet werden und verschwand in den Fluten.

Băile Herculane

Das 17 km nördlich von Orşova im engen Cerna-Tal gelegene Băile Herculane oder »Herkulesbad« wird bereits seit Römerzeiten wegen der Heilwirkung seiner Schwefelquellen geschätzt. Im 19. Jh. besuchte eine reiche Kundschaft aus dem österreichisch-ungarischen Bürgertum das Bad. Kaiser Franz Joseph und seine Gemahlin Elisabeth besaßen hier einen Pavillon. Noch heute werden unter anderen rheumatische Erkrankungen, Nervenleiden und Magen-Darm-Beschwerden behandelt. Im Winter stehen in der Nähe Skipisten zur Verfügung.

Ada Kaleh

Wie das alte Orşova und die Trajansstraße versank auch die Insel Ada Kaleh (km 952) im Stausee, der beim Bau des Kraftwerks im Eisernen Tor entstand. Obwohl man versuchte, einzelne Bauten auf der **Insel Şimian** weiter flussabwärts (km 927) zu retten, ging dennoch ein Stückchen Orient mitten im Donauraum verloren – mitsamt seinen türkischen Kaffeehäusern, Basaren, malerischen Gassen und herrlichen Gärten.

Eisernes Tor: Đerdap-Kraftwerk 1

Durch den Bau des Đerdap-Kraftwerks 1971 am Eisernen Tor wurde zwar die Flusslandschaft grundlegend verändert, dafür können die Schiffe – die früher von

Sie wurde mehrfach zerstört – aber die Festung Kaleto in Belogradtschik erstaunt noch immer.

einer Lokomotive und einem Seilschiff durch einen Kanal (der die gefährliche Stelle umging) gezogen werden mussten – heute ungehindert passieren.

Die Hubhöhe von 34 m an der Schleuse von Đerap1 (km 943) überwinden Schiffe in den beiden jeweils 310 m langen und 30 m breiten Kammern der Treppenschleuse innerhalb von 90 Minuten. Nachteilige Folgen hatte der Bau für die Störe: Sie können die Schleusen des Kraftwerks nicht überwinden.

Drobeta-Turnu Severin

Nach den technischen Errungenschaften des 20. Jh. wenden wir uns der dakischen (römische Provinz) Niederlassung Drobeta-Turnu Severin (km 931) zu, obwohl der Ort heute ein wichtiger Donauhafen ist. Kaiser Trajan ließ 105 n. Chr. von seinem Baumeister Apollodorus aus Damaskus eine Brücke über die Donau bauen, welche sein Nachfolger Hadrian abreißen ließ, aber deren Uferpfeiler teilweise noch erhalten sind.

Die Reste der mittelalterlichen **Burg Severin** zeugen von der Bedeutung des Ortes; von hier aus stießen die Kreuzfahrer in die Türkei vor.

Einen interessanten Einblick geben das **Muzeul Regiunii Porţilor de Fier** (Museum Eisernes Tor, *Strada Independenţei 2*) mit seinen archäologischen und ethnografischen Sammlungen sowie das örtliche Kunstmuseum **Muzeul de Artă Drobeta Turnu Severin** (Kunstmuseum, *Strada Rahovei 3*).

Đerdap-Kraftwerk 2

In großzügigen Schleifen und als breiter Strom bewegt sich die Donau aus dem Gebirge heraus und erreicht nach 80 km bei km 863 Đerdap 2, wo am zweiten gemeinschaftlich von Serbien und Rumänien betriebenen Kraftwerk eine Schleuse von nur noch 10 m Hubhöhe zu überwinden ist.

Walachei

An der Mündung des **Timok** (km 846) treffen sich die Grenzen zwischen Serbien, Bulgarien und Rumänien inmitten der Donau zu einem »flüchtigen« Dreiländereck. Die Donau tritt hier in die ehemalige Walachei ein (historische Region Rumäniens, jetzt *Oltenia* und *Muntenia*, durch den Fluss Olt geteilt). Sie strömt gemächlich dahin und bildet auf 470 Stromkilometern die Grenze zwischen Rumänien und Bulgarien. Während in Bulgarien oft Steilküsten an die *Dunav* grenzen, ist auf rumänischer Seite die Landschaft an der *Dunărea* flach und reich an schilfbestandenen Seen. Der Fluss trat früher häufig über die Ufer, deshalb sieht man in unmittelbarer Nähe kaum Dörfer.

Brücke Vidin – Calafat

Seit 2013 besteht zwischen dem bulgarischen Vidin und dem rumänischen Calafat bei km 795 eine zweite Donaubrücke. Die Festung Calafat, in den russisch-osmanischen Kriegen von hoher Wichtigkeit, wurde im 14. Jh. von Kolonisten aus Genua gegründet.

Vidin

Die Stadt bei km 790 ist eine der ältesten Bulgariens. Die günstige Lage an der Donau schätzten bereits Thraker und Kelten, die Römer bauten die befestigte Siedlung *Bononia*, doch Hunnen und Awaren zerstörten die Stadt wiederholt. Im 14. Jh. erlebte sie eine Blütezeit, sie war unter dem Namen *Bdin* die Hauptstadt des gleichnamigen Fürstentums, und fiel 1396 an die Türken. Von 1793–1807 war der Regierungsbezirk Vidin persönliches Lehensgut des türkischen Feudalherrschers Osman Pazvantoğlu.

Die **Sweti Dimitar-Kathedrale** (aus dem 19. Jh. und zweitgrößte Bulgariens) lohnt den Besuch. Interessant sind die **Moschee** und die **Bibliothek** (1800) des Osman Pazvantoğlu. Über beiden prangt statt des üblichen Halbmondes eine Pfeilspitze – ein sprechender Beweis für die Widerspenstigkeit ihres Erbauers, der sich gegen den Sultan auflehnte. Von der **Synagoge** bleibt noch eine Ruine.

Die Architektur der **Festung Baba Vida** am Donauufer geht auf das 10. Jh. zurück. Sie zählt zu den besterhaltenen Festungsbauten und dient heute als Kulisse für Theateraufführungen.

Belogradtschik

Von Vidin in der Donauebene führt ein Ausflug in Richtung Süden (50 km) zu den bewaldeten Ausläufern des Balkans, nach Belogradtschik, das in eine grandiose Kulisse rötlicher Felsen eingebettet ist. Wind und Wetter formten das 250 Mio. Jahre alte Sandsteinkonglomerat zu bizarren, riesigen Säulen.

SOFIA

Die Anfahrt von etwa 4 Stunden ab Vidin oder Nikopol in die bulgarische Hauptstadt lohnt sich, führt der Ausflug doch durch abwechslungsreiche Landschaften. Sofia liegt auf 550 m Höhe, in einem Tal zwischen dem **Vitoschagebirge** im Süden und dem **Balkangebirge** im Norden. Die Bulgaren betonen, dass die vor rund 5000 Jahren gegründete Stadt eine der ältesten Europas sei. 1879 zählte sie 12 000 Einwohner, heute leben 1,2 Mio. Menschen hier. Erhalten blieb das leicht »mitteleuropäische« Flair der Stadt mit dem Schloss und Gebäuden des späten 19. Jh.

hemis.fr/Perousse

Vom Zentrum Richtung Norden

Der **Präsidentensitz** wird von Soldaten bewacht, die die traditionelle weiße Uniform mit roten Tressen, Stiefel und die *kalpak* (Fellkappe mit einer Straußenfeder) tragen. Man kann bei der großen Wachablösung um 10 Uhr zugegen sein. Im weiten Innenhof steht das älteste erhaltene Bauwerk Sofias, die **Rotunde Sveti Georgi**, eine rote Backsteinkirche aus dem 4. Jh.

Das einstige Zentrum der antiken und mittelalterlichen Stadt erstreckte sich dem **Boulevard Maria Luisa** entlang, nördlich des Nesavissimost-Platzes; hier steht auch gleich das **Einkaufszentrum ZUM**. Richtung Norden kommt man an der **Bädermoschee** (*Banja-Baschi-dschamija* 16. Jh.) vorbei, die heute wieder als muslimisches Gotteshaus dient. Die **Löwenbrücke** überspannt kurz vor dem Zentralbahnhof das Flüsschen *Vladajska*.

Im Herzen Sofias

Am weiten **Knjas-Alexander-Battenberg-Platz** und um den **Stadtpark** pulsiert die Stadt.

Das **Archäologische Museum** wurde in der Großen Moschee (Bujuk-Moschee) von 1494 ein-

Adrette Soldaten wachen unentwegt über den Präsidentensitz.

gerichtet, unmittelbar neben dem Präisentensitz. Die Sammlungen widmen sich der Geschichte Bulgariens. Die Ostseite des Parks dominiert das **Nationaltheater Ivan Vasov** (1907) mit seiner prunkvollen neuklassizistischen Fassade, umgeben von einigen autofreien Gasen.

Das restaurierte **Schloss** liegt nördlich des Parks. Es wurde 1889 für den zum Fürsten gewählten Prinz Alexander von Battenberg erbaut. Heute beherbergt es das **Kunstmuseum** (Nationalgalerie) mit Gemälden vom Mittelalter bis zur Neuzeit und das **Ethnografische Museum.**

Unterwegs zu drei Kirchen

Der **Boulevard Zar Osvoboditel** führt durch den historischen Stadtkern Richtung Osten.

Die extravagante **Russische Sveti-Nikolai-Kirche** (1914) verdankt ihre Existenz einem russischen Diplomaten. Gläubige deponieren hier Papierschnitzel mit Wünschen auf den Sarkophag von Erzbischof Serafin, der kurz nach seinem Tod heiliggesprochen wurde.

Rund um den **Alexander-Nevski-Platz,** der von der gleichnamigen Kathedrale dominiert wird, wurde Sofia Ende des 19. Jh. ein zweites Mal geboren. Bedeutende Staatsbauten befinden sich in der Umgebung: das bulgarische Parlament, die Akademie der Wissenschaften sowie die Universität.

Die mächtige **Kathedrale** ist Alexander Nevski geweiht, herausragender Heiliger und Beschützer des orthodoxen Christentums. Die Kreuzkuppelkirche mit ihren drei Längsschiffen und den teils vergoldeten Kuppeln beeindruckt durch ihren grandiosen Stil. In der Krypta sind rund 200 Ikonen ausgestellt.

Das **Denkmal des Unbekannten Soldaten** mit der Ewigen Flamme gegenüber weist den Weg zur **Sofienkirche** (*Sveta Sofia*). Sie ist die zweitälteste Kirche der Stadt und reicht ins 6. Jh. zurück.

Vom Zentrum in Richtung Süden

Der geschäftige **Boulevard Vitoscha** führt vom Platz mit der **Kathedrale Sveta Nedelja** bis zum monumentalen **Nationalen Kulturpalast** aus der Zeit des Kommunismus. Wie für diese Epoche typisch, umfasst der Kolossalbau 55 Versammlungssäle und 15 000 m² Ausstellungsfläche.

Das Stadtviertel Bojana, 6 km weiter südlich, ist für sein mittelalterliches bulgarisch-orthodoxes Gotteshaus (10.–19. Jh.) berühmt, die **Bojana-Kirche**. Sie gehört seit 1979 ihrer einzigartigen Fresken wegen zum Weltkulturerbe der UNESCO.

Zur Kontrolle der Balkanpassage bauten die Römer im 1. Jh. einen Wachtposten wie einen Adlerhorst, einen Kranz markanter Felstürme; später wechselten Türken und Bulgaren als Herrscher die wildromantische Festung; noch im 19. Jh. wurde die Zitadelle abermals erweitert.

Lom

Lom (km 743) kann mit den Resten der antiken **Festung Almus** aufwarten, die man im Wohnviertel Kaletata noch besichtigen kann. Funde aus jener Zeit sind im **Historischen Museum Lom** zu sehen, das im Rathaus in der Altstadt untergebraucht ist. Im Sommer bietet die Stadt einen 300 m langen Kieselstrand, ansonsten gibt es hier wenig Industrie für die 30 000 Einwohner, die anderweitig Arbeit suchen müssen.

Kozloduj

Bei Kozloduj (km 700) spielte sich 1876 ein dramatisches Ereignis ab: Der 28-jährige bulgarische Dichter und Freiheitskämpfer Christo Botev zwang den Kapitän des Donaudampfers *Radetzky* hier anzulegen, damit er mit 200 Gefolgsleuten den Kampf gegen die Türken aufnehmen konnte. Er kam mit seinen Getreuen ums Leben. Eine 1966 nachgebaute *Radetzky* liegt als Museumsschiff verankert, ansonsten nimmt das Kernkraftwerk den wichtigsten Platz ein.

Orjahovo

Sehr malerisch ist Orjahovo (km 678) in erhöhter Lage inmitten von ausgedehnten Getreidefeldern und Weingärten. Der Ort ist auch ein Grenzrevisionspunkt für die Donau-Schifffahrt.

Gigen

Bei **Bajkal,** an der Mündung der **Iskar**, (km 636) wurden bei Gigen bedeutende Funde aus römischer Zeit endeckt: Fundamente eines Tempels, Mosaiken, Wasserleitungen und Straßen belegen, dass sich hier das römische Kastell *Colonia Ulpia Oescus* befand. Die Kirche St. Georg weist Inschriften aus dem 10. Jh. auf.

Am rumänischen Ufer passiert man **Corabia** (km 630), ein Zentrum der Zuckerverarbeitung, im bulgarischen **Somovit** (km 608) wird Mineralöl umgeschlagen.

Nikopol

Auch Nikopol (km 597) blickt auf römische Tage zurück. Trajan errang hier einen wichtigen Sieg über die Daker und nannte das Kastell »Stadt des Sieges an der unteren Donau« (*Nicopolis ad Istrum*). 629 ließ der oströmische Kaiser Heraclius die Festung ausbauen, die Türken verstärkten sie danach. 1810 diente sie im russisch-türkischen Krieg bereits den Russen als Stützpunkt, 1877 zerstörten die Russen die Stadt Nikopol gänzlich. Die Ruinen sind sehenswert sowie die Kirche aus dem 13. Jh daneben.

Turnu Măgurele

Eine Fähre verbindet Nikopol mit dem Hafen der rumänischen Stadt Turnu Măgurele.

Pleven

Von Nikopol gelangt man leicht nach Pleven, der größten und wichtigsten Stadt der bulgarischen Donauebene. Sie war schon im 4.–3. Jh. v. Chr. besiedelt, später ließen sich Thraker, Römer, Slawen und Türken nieder.

Einen Besuch verdienen Kirchen, das **Regionale Historische Museum** (*Stojan Zaimow 3)* und das **Mausoleum** nebenan. Pleven überrascht nicht nur mit ansehnlichen Bauten, sondern auch mit dem **Skobelev-Park**. Die Hauptattraktion im Park ist das **Panorama Museum Pleven**, wo die »Schlacht von Pleven« von 1877 dargestellt wird. Im **Weinmuseum** im noch südlicher gelegenen **Park Kaylaka** ist der einheimische Wein das Thema.

Insel Belene

Traurige Berühmtheit erlangte die bulgarische Insel (km 577–km 560) aufgrund des Arbeitslagers, in dem während der Macht der Kommunisten Regimegegner fielen. Wichtiger ist heute der seit 1981 geschützte **Naturpark Persina** *(Persinski blata)*, der sich über Donau-Inseln und entlang des Südufers über 217 km² erstreckt.

Svištov

Bei Svištov (km 554) erreicht die Donau ihren **südlichsten Punkt**. Der terrassenförmige Aufbau am hügeligen Ufer verleiht der Stadt einen besonderen Reiz. Typisch für die Türkenzeit sind zwei unterirdische Kirchen des 17. Jh., die **Dreifaltigkeitskirche** und das **Historische Museum**. Berühmter Sohn der Stadt ist der Schriftsteller Aleko Konstantinov (1863–1897); er schrieb z. B. *Baj Gano* und *Der Rosenölhändler*.

Veliko Tarnovo

Ein lohnender Ausflug führt in das von der Donau 70 km entfernte Veliko Tarnovo, das im Mittelalter (1187–1396) Bulgariens Hauptstadt war. Das »Große Tarnovo« (so der bulgarische Name) liegt an steilen Hängen über den Windungen des **Jantra-Flusses**.

Zarevez-Hügel

Die **Festung Zarevez** erhebt sich auf einer Halbinsel, die von einer Flussschleife begrenzt wird. Die strategisch wichtige Stätte wurde von den Thrakern eingenommen und später von allen Nationen, die über Bulgarien herrschten. Im 12. Jh. legten hier die Gebrüder Peter und Iwan Assen – Bojaren königlicher Abstammung – mit dem Bau der Festung den Grundstein für das »Zweite Bulgarische Reich«. Für die Stadt begann damit eine Blütezeit.

Trapezisa-Hügel

Die Adligen wählten den gegenüberliegenden Hügel aus; die Handwerker und Händler wohnten in der Unterstadt. Bald galt Tarnovo als eine der bedeutendsten politischen und kulturellen Stadt in Osteuropa. Die Zerstörung 1393 durch die Osmanen setzte diesem goldenen Zeitalter ein Ende. Die frühere Geschäftsstraße **Samovodska Tscharschija** ist mit ihrem Kopfsteinpflaster, den vielen Läden und Werkstätten für

Andenkenjäger und Fotografen reizvoll. Neben schönen alten Gebäuden gibt es in der Altstadt das **Archäologische Museum**, das **Museum der Neuen Geschichte** (*Nova i nai-nova istoriya*), das **Sarafkina-Haus**; auch das **Gasthaus von Hadzhi Nikoli** lohnt einen Umweg.

Arbanassi

Auf einem Hochplateau 5 km nordöstlich von Veliko Tarnovo wartet das kleine Dorf mit Schätzen auf. Die reich geschmückte **Christi-Geburts-Kirche** 15. Jh. *(Rojdestvo Hristovo)* lohnt den Besuch. Neben diesem Gotteshaus gibt es noch vier weitere Kirchen aus dem 16. und 17. Jh. Nehmen Sie sich etwas Zeit für das **Konstantsalieva-Haus** (17. Jh.). Es spiegelt Lebensstil und Tradition des 20. Jh. wider.

Russe

Russe (km 495), bulgarisch *Ruse,* ist mit 157 000 Einwohnern eine der größten Städte Bulgariens und der wichtigste Donauhafen des Landes; die Donaubrücke ist eine der einzigen, die nach Giurgiu und Rumänien führt.

Als hier die römische Donauflotte vor Anker lag, hieß die

www.velikoturnovo.info

Claude Hervé-Bazin

istockphoto.com/Tupungato

Kleinod in Arbanassi. | Rosen sind ein wichtiger Exportartikel Bulgariens. | Das hübsche Städtchen Veliko Tarnovo hält sich am Trapezisa-Hügel fest.

Stadt *Sexaginta Prista* (»Sechzig Schiffe«). Dazu sehen Sie am Donauufer noch einige Ruinen und Funde können Sie im **Regionalen Historischen Museum** besichtigen. Zu Beginn des 16. Jh. wird die neue Siedlung erstmals unter dem heutigen Namen erwähnt; die Türken nannten sie später *Rustschuk*. 1866 wurde von hier die erste Eisenbahnlinie des Türkischen Reiches nach Varna am Schwarzen Meer eingeweiht.

Im ersten Bahnhof der Stadt befindet sich heute das **Nationale Transportmuseum**, es zeigt Salonwagen von 1830–1943 und widmet sich auch der Schifffahrt.

Zu den Wahrzeichen der Stadt gehört im Stadtzentrum das **Dohodno zdanie** (1902); die sieben Figuren auf dem Dach verkörpern Kunst, Wissenschaft, Landwirtschaft, Handwerke und Handel (Merkur ganz oben), die Verteidigung und den freien Geist.

Erwähnenswert ist auch die **Dreifaltigkeitskirche** (*Sveta Troiza* 1764) mit ihren prächtigen Ikonostasen und Fresken. Im hölzernen »Kaliopahaus« ist das **Museum des Stadtlebens** (*City Style of Life*) von Russe untergebracht.

Ivanovo

Von Russe lohnt sich ein Ausflug zum **Naturpark Rusenski Lom** (34 km²), wo sich auch die Felskirchen von Ivanovo (22 km südlich von Russe) aus dem 13./14. Jh. – mit einzigartigen Wandmalereien – befinden. Die **Felsenkirche der Jungfrau Maria** (*Zarkwata*) ist eine der schönsten Kirche der Klosteranlage, die im Mittelalter ein wichtiger Bischofssitz war. Seit 1979 gehört Ivanovo zum Weltkulturerbe der UNESCO.

Giurgiu

Genueser Seeleute gaben dem Ort bei km 493 seinen Namen. Im 14. Jh. errichteten sie die **Burg San Giorgio** und gründeten eine Handelsstadt, welche vom 15.-19. Jh. ein islamisches Zentrum wurde. Bis zur Eröffnung 2013 der zweiten Donaubrücke bei Vidin war die 2224 m lange **Donaubrücke** (km 489) seit 1954 die einzige Brücke zwischen dem rumänischen Giurgiu und dem bulgarischen Russe. Im oberen Stockwerk fahren Züge, im unteren Autos. Hier endete einst der 1883 eingeweihte »Train Express d'Orient«, später der »Orient-Express«. Die Passagiere überquerten die Donau auf einer Fähre, ein zweiter Zug führte sie anschließend nach Varna am Schwarzen Meer, und von dort brachte sie ein Dampfschiff nach Istanbul.

Bukarest

Wer in Giurgiu an Land geht, fährt meistens in das 64 km entfernte Bukarest (Bucureşti). Erstmals erwähnt wurde die Stadt an den Ufern der Dâmboviţa, dem kanalisierten Zufluss des Argeş, 1459 in einer Urkunde des Fürsten Vlad Ţepeş, der einem gewissen »Dracula« als Modell diente. 1595 wurde Bukarest von den Türken zerstört. Ab 1862 ist es die Hauptstadt des Fürstentums, das durch die Vereinigung der Walachei und Moldau entstand, und ab 1881 diejenige des neuen Königreichs. Bukarest bleibt die Hauptstadt des Landes auch nach 1948, während der Volks-, dann der Sozialistischen Republik ,und schließlich der Republik Rumänien ab 1990. Seit 2004 ist Rumänien Mitglied der NATO und seit 2007 der Europäischen Union.

Sandu Mandrea

Claude Hervé-Bazin

Öffentliche Gebäude, Prachtstraßen, kulturelle Vielfalt und der Triumphbogen brachten Bukarest den Namen »Paris des Ostens« ein. Von den knapp 20 Mio. Einwohnern Rumäniens leben 2 Mio. in Bukarest. 85 % bekennen sich gläubig, davon sind 90 % Orthodoxen. Protestanten (auch ev.-lutherisch), Katholiken, Anhänger der armenischen Kirche oder des jüdischen Glaubens und Muslime teilen sich die restlichen 10 %.

Piaţă Unirii

Der weite Platz mit Boutiquen, Einkaufszentren und Grünanlagen bildet das Stadtzentrum. Die 41 Brunnen zwischen Piaţă Unirii und Parlamentspalast kennzeichnen die 41administrativen Kreise des Landes. Sie schmücken den Mittelstreifen des 100 m breiten und 3,2 langen **Boulevard Unirii**, die unter Ceauşescu angelegte »Straße des Sieges des Sozialismus«. Nordöstlich davon dokumentiert das **Muzeul de Istorie al Comunităţilor Evreieşti din România** die Geschichte der hebräischen Gemeinschaft in Rumänien. In der **Patriarchenkirche** von 1656 weiter südlich, dem Sitz des rumänischen Patriarchen, werden die Reliquien des Stadtheiligen *Dimitriu* verehrt.

In der Caru'cu Bere gibt es typische rumänische Gerichte. | Aparte Fresken in der Stavropoleos-Kirche.

Parlamentspalast

Als Mahnmal des Regimes ragt am Westende der Prachtstraße das einstige Volkshaus – ein Ausbund stalinistischen Stils – 84 m in die Höhe. Der monströse Parlamentspalast (*Palatul Parlamentului*) zählt mit 1100 Räumen zu den größten Gebäuden der Welt. Für seinen Bau wurden 40000 Einwohner umgesiedelt und ein Fünftel der Altstadt abgerissen. Im Innern gibt es Marmorböden, Wandtäfelungen, Lüster, Atombunker und Geheimgänge. Als Elena und Nicolae Ceauşescus 1989 gestürzt wurden, waren die Bauarbeiten noch nicht beendet. Zurzeit tagt hier das Parlament; außerdem dient der Bau als Kongress- und Seminarzentrum.

Im Westflügel des Palastes ist das **Museum für zeitgenössische Kunst** (*Muzeul Naţional de Artă Contemporană – MNAC*) untergebracht; es zeigt hauptsächlich Werke rumänischer Künstler.

Curtea Veche

Nördlich des *Piaţă Unirii* stehen die Ruinen des **Woiwodenpalasts Curtea Veche** (Alter Fürstenhof). Der Sitz der Walachenfürsten wurde unter Vlad Ţepeş im 15. Jh. errichtet, unter Constantin Brâncoveanu um 1700 vergrößert und nach Bränden und Erdbeben im 18. Jh. aufgegeben. Von den großen Sälen und den üppigen Gärten blieb nicht viel übrig.

An der Ecke *Stradă Franceză* und *Şepcari* liegt die **Alte Hofkirche** (*Biserica Curtea Veche 16. Jh.*), in der die Fürsten der Walachei gekrönt wurden.

Die 1808 vom armenischen Kaufmann Manuc Bei erbaute Herberge mit Gasthaus – **Hanul lui Manuc** mit über 100 Zimmern, Geschäften und Weinkellern – wurde mehrmals umgebaut. 1812 fanden hier Friedensverhandlungen zum russisch-türkischen Krieg von 1806–1812 statt.

Altes Handelsviertel

Die wichtigsten Sehenswürdigkeiten von Bukarest liegen nördlich der kanalisierten Dâmboviţa um die *Calea Victoriei* (Siegesstraße) und die zwei parallel verlaufenden *Bulevardul Magheru* und *Bulevardul Bălcescu*.

Im 16. und 17. Jh. bildete das **Lipscani-Viertel** das Zentrum; den Namen erhielt es von Leipzig, aus der Waren importiert wurden. Seine Grenze bilden im Süden die Dâmboviţa, im Westen die *Calea Victoriei* und im Norden die zwei *Boulevards Regina Elisabeta* und *Carol I*, während es sich im Osten, jenseits des *Bulevardul Brătianu*, verliert. Heute gibt es im Viertel eine Fußgängerzone mit Läden, Galerien und Cafés. Sehenswert ist an der *Stradă Lipscani 55* **Carturesti Carusel**, ein Buchladen in einem ehemaligen Bankgebäude von 1903.

Um die Stavropoleos-Kirche

Nur wenig weiter nordwestlich steht eine der schönsten Kirchen Bukarests, die Stavropoleos-Kirche (*Biserica Stavropoleos*). Der griechische Mönch Ioanichie Stratonikeas, der später *Metropolit von Stavropolis* (bei Saloniki) wurde, ließ sie 1724 erbauen. Orientalischer Einfluss wird in Arabesken und Arkaden deutlich, Fresken und Heiligenporträts mit Blattgold sind wie Ikonen gemalt.

Schräg gegenüber der Kirche lädt Bukarest's bekannteste Gaststätte, **Caru'cu Bere** (»Bierwagen«), zum Besuch ein. Hier trafen sich früher der Adel und die Intellektuellen. An der Kreuzung mit der *Calea Victoriei* steht das ehemalige »Postpalais«, in dem heute das **Nationale Geschichtsmuseum** (*Muzeul Naţional de Istorie a României*) untergebracht ist. Interessant sind die Sammlungen aus der Daker- und der Römerzeit und die Schatzkammer. Gegenüber thront der *Palatul C.E.C.*, er beherbergt u.a. die Nationalbank.

In nördlicher Richtung, zwischen *Calea Victoriei* und *Strada Eugeniu Carada*, lockt die glasüberdachte Einkaufsgalerie **Pasajul Macca-Vilacrosse**. In Richtung des *Piaţă Universitaţii* gelangen Sie via die *Stradă Ion Ghica* zu der dem hl. Nikolaus gewidmeten **russisch-orthodoxen Kirche** (*Biserica Rusă*, 1905–09) mit ihren Zwiebeltürmen.

Am *Bulevardul Ion C. Brătianu* ist im kleinen *Palais Şuţu*, einem eleganten neugotischen Bau mit einer Glasveranda von 1833–35, das **Bucharest-Museum** (*Muzeul municipiului*) untergebracht.

Von der Piaţă Universitaţii nach Norden

Der Universitätsplatz gehört zu den belebtesten Plätzen der Hauptstadt und wird vom Hochhaus des Hotels Intercontinental und dem riesigen, modernen **Nationaltheater** (*Teatrul Naţional*) beherrscht. Auf der Westseite des Platzes erkennt man das **Universitätsgebäude** (1857).

Hinter der *Creţúlescu-Kirche* – aus rotem Backstein und mit zwei Kuppeln (*Calea Victoriei*) – steht am *Piaţă Revoluţiei* der imposante und ehemalige Königspalast, der heute das **Nationale Kunstmuseum** (*Muzeul Naţional de Artă al României-MNAR*) beherbergt. Wichtige Sammlungen umfassen rumänische Malerei und Plastiken, Werke großer ausländischer Meister, Gobelins, Ikonen, orientalische sowie mittelalterliche Kunst. Gegenüber befindet sich die Universitätsbibliothek mit ihrer Säulenfassade.

Östlich des Museums steht an der *Stradă B. Franklin 1-3* das eindrückliche, von einer Kuppel überragte **Rumänische Athenäum** (1888 – *Ateneul Român*).

Das **Philharmonieorchester George Enescu** – benannt nach dem bekannten rumänischen Violinisten, Komponisten und Dirigenten (1881–1955) – nutzt das Athenäum für seine Konzerte. Musiziert wird im Saal, den riesige Wandgemälde vom rumänischen Maler Costin Petrescu (1872–1954) schmücken.

Auffällig ist entlang der Siegesstraße (Richtung Norden) der »Cantacuzino-Palast« von 1898, in dem das **Nationale George-Enescu-Museum** (*Muzeul Naţional George Enescu*) zur Erinnerung an den Musiker untergebracht ist.

Zum Parcul Herăstrău

Strahlenförmig laufen am Ende der *Calea Victoriei* mehrere Verkehrsachsen zusammen.

Die breite *Şoseaua P. D. Kiseleff* führt am sehenswerten **Rumänischen Bauernmuseum** (*Muzeul Ţăranului Român*) – mit alten Trachten, Ikonen und Haushaltsgeräten – vorbei und zum *Piaţă Arcul de Triumf*, dem Platz mit dem **Triumphbogen** in der Mitte.

Folgt man der *Kiseleff-Chaussee* nordwärts, gelangt man am *Parcul Herăstrău* in den Grüngürtel aus Parks mit künstlichen Wasserläufen. Hier breitet sich

Frédérique Fasser

Claude Hervé-Bazin

Hinter welchem Fenster möchten Sie wohnen? Im Haus des Dorfmuseums oder im riesigen Parlamentspalast?

bis zum *Lacul Herăstrău* das Gelände des **Dorfmuseums** (*Muzeul Satului*) aus, in dem (Holz-)Bauten aus allen Landesteilen einen Eindruck von der Vielfalt rumänischer Volkskunst übermitteln.

Palais Cotroceni

Am *Bulevardul Geniului* (westlich des Stadtzentrums) ließ der rumänische Kronprinz Ferdinand 1893 für seine Gemahlin Maria ein Schloss erbauen. Der historische Bau beherbergt ein Museum für Kunst und kunstgewerbliche Sammlungen.

Dahinter liegt der 1885 angelegte **Botanische Garten** *(Gradina Botanică)*. Auf dem 17 ha großen Gelände blühen Tausende von Pflanzen aus der ganzen Welt. Am Wochenende kommen viele Bukarester Familien zur Erholung hierher.

Kinder der Donau. Als Sohn eines griechischen Schmugglers wurde **Panait Istrati** (1884–1935) im rumänischen Brăila geboren. Er führte ein abenteuerliches Leben und besang den Zauber der Steppe und die Donauufer in französischer Sprache, die er sich selbst beigebracht hatte.

Elias Canetti (1905–1994) beschreibt seine Geburtsstadt Russe (damals Rustschuk) in seiner Autobiografie: »Rustschuk war eine wunderbare Stadt, es lebten dort Menschen der verschiedensten Herkunft, an einem Tag konnte man sieben oder acht Sprachen hören.« Als Kind hörte Canetti neben Spanisch, seiner Muttersprache, vor allem Bulgarisch; seine Werke, für die er 1981 den Nobelpreis für Literatur erhielt, schrieb er auf Deutsch.

Olteniţa
Wie Giurgiu dient diese Industriestadt mit Werften (km 430) als Verbindungsort mit Bukarest. Das **Muzeul Civilizaţiei Gumelniţa** zeigt archäologische Funde aus der Region.

Tutrakan
Das gegenüberliegende bulgarische Tutrakan war einst eine wichtige römische Festung, heute ist es ein wichtiges Fischereizentrum und Ausgangsort für Ausflüge ins Hinterland; vielleicht sogar mit dem Fahrrad.

Biosphärenreservat Srebarna
Vogelfreunde halten auf der Höhe der Donau-Insel **Vetren** (km 358) Ausschau nach seltenen Spezies, die das 9 km² große Biosphärenreservat Srebarna südlich davon anfliegen. 1977 wurde der Ort von der UNESCO als Biosphärenreservat verzeichnet. Krauskopfpelikane und Sichler, sechs Reiherarten, darunter Purpur- und Rallenreiher, sind nur einige der seltenen Brutvögel. Verschiedene Greife sieht man am Himmel kreisen und zahlreiche Entenarten nisten oder überwintern in dem Naturparadies.

Silistra
Das bulgarische Silistra (km 376) wurde im 2. Jh. n. Chr. von Kaiser Trajan gegründet. 1942 entdeckte man hier ein römisches Grabmal mit Wandmalereien aus dem 4. Jh., die Jagdszenen, Pflanzen und Vögel darstellen. Die alte türkische Festung von Silistra hat sich ebenfalls gut erhalten. Neben Kirchen und einer Moschee wartet das **Historische Museum** mit Funden aus der Region auf.

Das ausgedehnte Donaudelta ist eine einzigartige Welt für sich ...

Bis zum Donaudelta

Ab km 374 fließt die Donau während den folgenden 240 km ausschließlich durch rumänisches Gebiet, teilt sich in verschiedene Flussarme auf und strebt dem Schwarzen Meer zu.

Dobrudscha und Bărăgan

Am rechten Ufer breitet sich nun die Dobrudscha aus, die bis zum Schwarzen Meer reicht, am linken der Bărăgan, der ab und zu an die ungarische Puszta erinnert. Die frühere Romantik dieser Steppenlandschaft hat besonders der rumänische Schriftsteller Panait Istrati in seinen Büchern festgehalten.

Braţul Borcea

Bei km 371 teilt sich die Donau in zwei Arme, den Braţul Borcea (Borcea-Arm) und den Hauptstrom, sie kommen bei km 248 wieder zusammen und umschließen das Inselgebiet **Balta Ialomiţei**. Der 100 km lange Borcea-Arm ist tiefer und 23 km kürzer als der Hauptstrom, beide Routen dienen der Flussschifffahrt. Von **Călăraşi** (km 97 des Braţul Borcea) verkehren Fähren nach Silistra und nach Ostrov (km 367).

Von Ostrov aus führt die Straße ostwärts durch schöne Landstriche bis nach **Adamclisi,** wo ein römisches Denkmal, das **Tropaeum Trajani**, an Trajans folgenschweren Sieg über die Daker erinnert.

Unterwegs nach Constanţa

Von Adamclisi führt die Straße weiter durch die Weingärten des *Murfatlar*, wo ein weißer Dessertwein gekeltert wird, und nach nach Constanţa, dem größten Hafen Rumäniens. Man erreicht Constanţa auch via der Autobahn.

Südlich von Constanţa mündet der 64 km lange (1983 eröffnete) »Donau-Schwarzmeer-Kanal« ins Schwarze Meer; sein Nordarm (Verzweigung bei Poarta Albă) erreicht bei Năvodari den Lacul Tauşal oder das Schwarze Meer.

Cernavodă

Bei Cernavodă (km 300), was »Schwarzes Wasser« bedeutet, ist die Donau dem Schwarzen Meer bereits sehr nahe. Die 1895 erbaute **Eisenbahnbrücke**, die auf einer Länge von 15 km die Donau, das Gebiet Balta Ialomiţei und den Borcea-Arm nach Feteşti (km 36 des Braţul Borcea) überquert, war eine technische Großleistung und spielte in der Region für Handel und Wirtschaft eine bedeutende Rolle. Heute rast man auf der Autobahn über Fluss und Ebene.

Ghindăreşti

Am rechten Ufer (km 261) taucht die kleine altrussische Fischersiedlung Ghindăreşti in einer sehr malerischen Lage auf. Die Kuppeln der orthodoxen Kirche glänzen silbern.

Hârşova

Wie die meisten Orte an der unteren Donau war auch Hârşova bei km 253 ein Römerlager und später eine türkische Festung. Die schöne russisch-orthodoxe Kirche wurde von der Lipowener-Glaubensgruppe gegründet. Nach dem Zufluss des Flusses **Ialomiţa** in den Borcea-Arm vereinigt sich Letzterer vor **Giurgeni** mit dem Hauptstrom. Bei km 238 führt eine Brücke über die Donau. Früher setzten hier Hirten mit Tieren über, um sie in der fruchtbaren Ebene weiden zu lassen.

Brăila

Nach der Landenge teilt sich der Fluss erneut auf und bildet eine 60 km lange, vielfach schilfbestandene Insellandschaft, den **Balta Mică a Brăilei Natural Park**; bei Brăila (km 170) ist die Donau wieder vereint.

Die Hafenstadt wird 1368 erstmals erwähnt, sie war im Mittelalter heftig umkämpft, besaß fast 300 Jahre lang eine türkische Festung, die 1829 geschleift wurde. Heute sind hier verschiedene Industrien angesiedelt; unter anderem wird hier das Schilf aus dem Donaudelta verarbeitet.

Brăila ist der Geburtsort von Panait Istrati, des rumänischen Schriftstellers, dessen bekanntestes Buch (der auf Französisch erschienene und politische Reisebericht) *Auf falscher Bahn* ist.

Galaţi

Vom historischen Zentrum blieb nach dem 2. Weltkrieg nichts erhalten. Wie in Brăila spielt sich hier das Leben ganz um den Hafen ab, zu dem eine große Werft gehört. Bei Galaţi oder Galatz (km 150), zwischen den Mündungen der beiden großen Nebenflüsse **Siret** und **Pruth**, macht die Donau eine letzte entschiedene Wendung nach Osten.

Ein Stück weiter flussabwärts mündet bei km 134 der Pruth in die Donau. Entlang seinem Unterlauf verläuft die Grenze zwischen Rumänien und der seit 1991 bestehenden Republik Moldawien; die beiden Länder haben für einen halben Kilometer auch eine gemeinsame Donau-Grenze. Ab km 133 gehört das linke Ufer bereits zur Ukraine und auf den folgenden 53 Kilometern bildet der Hauptstrom der Donau die ukrainisch-rumänische Grenze.

Reni (Ukraine)

Reni, die nächste größere Stadt ist bei km 128 ein wichtiger ukrainischer Handelshafen. Am rechten Ufer folgt die frühere türkische Festung **Isaccea** (km 103), deren Name vom türkischen Isak-Kioi (»Isaaksdorf«) stammt. In den ausgedehnten Lindenwäldern der Umgebung wird Honig gewonnen; außerdem haben Tabak- und Weinanbau und auch der Fischfang einige Bedeutung.

istockphoto.com/F. Kienas

www.rumaenien-tourismus.de

www.rumaenien-tourismus.de

Das Donaudelta

Das Mündungsgebiet des großen Stroms (das bei km 80 beginnt) ist eine Welt für sich. Bis heute gibt es nur wenige, unbedeutende Stichstraßen, und man kann die zahllosen Wasserarme, von Seerosenteppichen bedeckten Seen und einsamen Fischerdörfern nur mit dem Boot erkunden.

Die Donau spaltet sich im Delta in drei Hauptarme auf: Im Norden verläuft der Chilia-Arm, der fast auf der gesamten Länge die Grenze zwischen der Ukraine und Rumänien bildet, in der Mitte der kanalisierte Sulina-Arm, den die meisten Seeschiffe benutzen, und im Süden schließlich der Sfântu-Gheorghe-Arm, der älteste und naturbelassenste der drei Flussarme.

Das Biosphärenreservat

Das riesige Delta teilen sich Rumänien (zu vier Fünfteln) und die Ukraine (ein Fünftel). Mit den großen Lagunen **Lacul Razim** und **Lacul Sinoe** im Süden bedeckt es rund 6000 km^2; als UNESCO-Biosphärenreservat ist es seit 1991 größtenteils geschützt. Die Flussablagerungen haben im Laufe der Zeit eine Wildnis mit mäandern-

So ähnlich muss es im Donaudelta schon vor 100 Jahren ausgesehen haben. | Zwei Vertreter der Vogelwelt des Deltas: Pelikane und Graureiher.

den Wasserläufen, fast 400 Seen, Wiesen, schwimmenden Schilfinseln und Dünen entstehen lassen, durchzogen von einem Labyrinth von Kanälen (über 800 km). An manchen Orten entstanden Landerhöhungen, auf denen kleine Buschwälder wachsen. Überall breitet sich das Schilf aus, das für das Überleben des Deltas höchst wichtig ist, es filtert flussaufwärts treibendes, verschmutztes Wasser. Als Übergangszone zwischen Land, Fluss und Meer bildet das Mündungsgebiet ein Sammelpunkt von fünf Zugrouten und ein Paradies für viele Vogelarten.

Die Bewohner des Deltas

Hier und da liegen Dörfer mit Häusern aus Lehm und Schilfrohr, Siedlungen, die nur mit dem Boot erreichbar und fast völlig auf sich selbst gestellt sind. Jedes Frühjahr drückt während einigen Tagen das Hochwasser gegen die Türen. Die meisten der rund 15 000 Bewohner sind Lipowenen, Nachkommen altgläubiger Russen, die im 17. Jh. vor den Verfolgungen der orthodoxen Kirche hierher flohen und noch heute von Schilfverarbeitung, Viehzucht und Fischfang leben.

Ihre Kirchen bergen zum Teil kostbare Ikonen, und ihre Trachten und Bräuche geben dem Besucher eine anschauliche Vorstellung vom Leben im alten Russland.

Reich der Tiere. Das Delta ist ein Paradies für Vogelbeobachter: Es gibt allein acht verschiedene Reiherarten wie Purpur-, Silber-, Grau- und Seidenreiher sowie Rohrdommeln, zudem Rosa- und Krauskopfpelikane, Störche, Ibisse und Löffler – insgesamt an die 300 Arten! Hier und da sitzt ein Kormoran am Ufer, der seine Flügel trocknen lässt. Selbst einige Seeadler leben hier.

Zu den Landbewohnern gehören Wildkatzen, einige Wölfe, Wildschweine, Füchse und in Ufernähe Fischotter.

Im Wasser wimmelt es von Fischen, die die Lebensgrundlage für Tier und Mensch bilden: Hecht, Karpfen, Zander, Wels, Schleie, Brasse und Barsch sind im Delta zu Hause; die Alsen (Süßwasserheringe) sind die wichtigste Beute der Fischer, und Störe kommen bis hierher aus dem Schwarzen Meer.

www.rumaenien-tourismus.de

Tulcea

Die größte Stadt des Deltas (ca. 90 000 Einwohner) liegt kurz vor der letzten Gabelung der Donau, an der Stelle des antiken *Aegyssus*. Es ist ein wichtiger Hafen und ein betriebsames Industriezentrum. In der Stadt selbst kann man sich im **Museumszentrum Ökotourismus im Donaudelta** *(Centrul Muzeal Ecoturistic »Delta Dunarii«)* einen guten Eindruck von der Geschichte und dem Leben im Delta sowie seiner Fauna und Flora verschaffen. Oder Sie unternehmen selbst einen Ausflug mit einem der zahlreichen Schiffe vom Kai aus ins Delta.

Das **Kunstmuseum** *(Muzeul de Artă)* besitzt Sammlungen zu den Gebieten Malerei, Schnitzereien, Glasverarbeitung und Ikonen, hauptsächlich von rumänischen Künstlern. Im **Museum für Ethnografie und Volkskunst** *(Muzeul de Etnografie şi Artă Populară)* finden Sie von der Fischrute, Landwirtschaftsutensilien bis zu Trachten und Schmuck fast alles. Nordöstlich davon zeigt das **Geschichts- und Archäologiemuseum** *(Muzeul de Istorie şi Arheologie)* Funde aus der Region.

Der Braţul Chilia im Norden

Zwei Drittel des gesamten Donauwassers wälzt der nördliche Flussarm durch das Delta, der zum Teil bis über 1 km breite Braţul Chilia. Da er länger (120 km), verästelt und mit Inseln durchsetzt ist, und über Jahre die Grenze zur Sowjetunion (heute Ukraine) bildete, wurde er lange vernachlässigt. An der Mündung formt er ein eigenes Mini-Delta.

Ismajil (Ukraine)

Im 12. Jh. erbauten die Genuesen eine Festung. 1484–1812 war Ismajil (km 90) Teil des Osmanischen Reichs. 1770, 1790 und 1791 eroberten die Russen die Festung; 1870–1917 gehörte sie zum russischen Bessarabien, und seit 1944 ist Ismajil ukrainisch. An General Suworow erinnern ein Reiterdenkmal und ein Museum.

Wylkowe (Ukraine)

Das im 18. Jh. von Kosaken gegründete Wylkowe (Wilkowo, km 15) ist von Kanälen durchzogen und wird »ukrainisches Venedig« genannt. Die Einwohner leben von Fischfang und Weinanbau.

Braţul Sulina

Neben oft rostigen Frachtern und Fischerbooten fahren Passagierschiffe unermüdlich diesen mittleren Arm auf und ab. Er gilt als gradlinig und praktisch, man nennt ihn oft »Sulina-Kanal«. Über **Crişan**, eines der größten Fischerdörfer im Delta, gelangt man zum Hafen von **Sulina**, wo nahe dem alten Leuchtturm der Stromkilometer 0 bezeichnet ist.

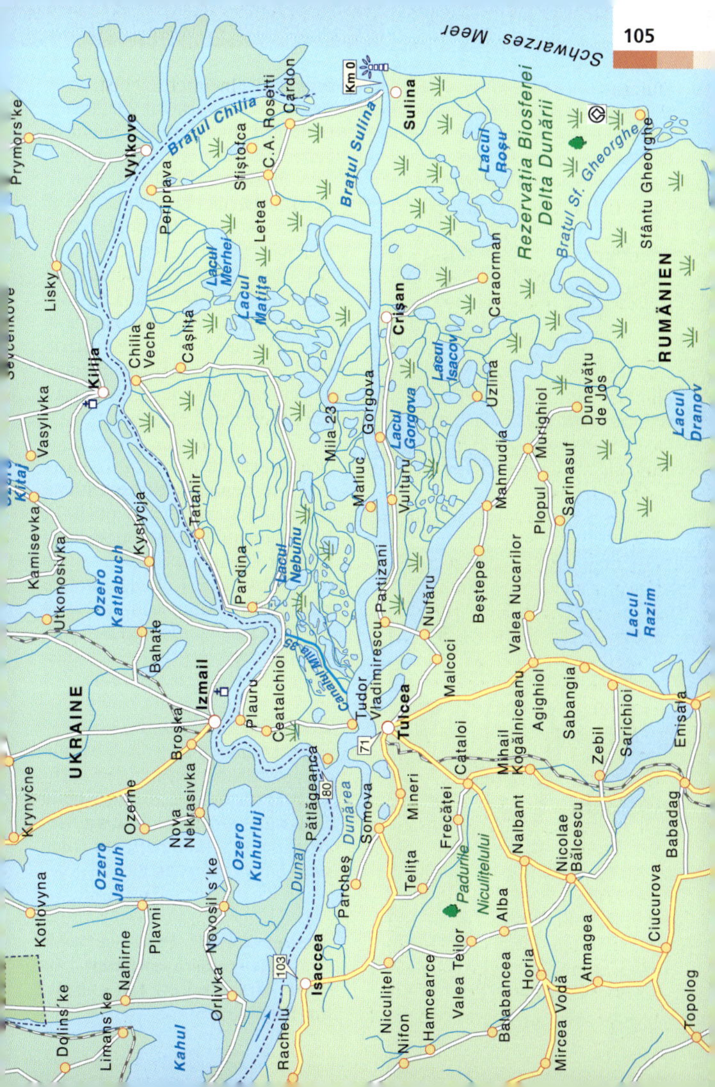
Schwarzes Meer
Km 0
Sulina
Brațul Sulina
Brațul Chilia
Cardon
C.A. Rosetti
Sfiștofca
Periprava
Vylkove
Prymors'ke
Letea
Lacul Merhei
Lacul Matița
Lisky
Kilija
Chilia Veche
Cășlița
Crișan
Caraorman
Lacul Roșu
Rezervația Biosferei Delta Dunării
Brațul Sf. Gheorghe
Sfântu Gheorghe
RUMÄNIEN
Lacul Isacov
Uzlina
Murighiol
Dunavățu de Jos
Lacul Dranov
Mila 23
Gorgova
Lacul Gorgova
Maliuc
Vulturu
Mahmudia
Plopul
Sarinasuf
Vasylivka
Kitaj
Tatanir
Kyslycja
Kamisevka
Utkonosivka
Ozero Katlabuch
Bahate
Pardina
Lacul Nebunu
Partizani
Nufăru
Beștepe
Valea Nucarilor
Lacul Razim
Izmail
Tudor Vladimirescu
Canalul Mila 35
Ceatalchioi
Plauru
Tulcea
Malcoci
Agighiol
Sabangia
Mihail Kogălniceanu
Zebil
Sarichioi
Enisala
UKRAINE
Krynyčne
Broska
Ozerne
Nova Nekrasivka
Ozero Kuhurluj
Pătlăgeanca
80
71
Dunărea
Somova
Mineri
Cataloi
Frecăței
Nalbant
Nicolae Bălcescu
Babadag
Ozero Jalpuh
Kotlovyna
Plavni
Novosil's'ke
Dunaj
Parcheș
Telița
Pădurile Niculițelului
Alba
Ciucurova
Isaccea
103
Nahirne
Orlivka
Niculițel
Nifon
Hamcearca
Valea Teilor
Balabancea
Horia
Atmagea
Mircea Vodă
Topolog
Dolins'ke
Limans'ke
Kahul
Rachelu

www.rumaenien-tourismus.de

hemis.fr/Cintract

Sulina

Der in byzantinischer Zeit besiedelte Ort diente später genuesischen Schiffen als Anlegeplatz. Das Fischerdorf hat sich nun zu einer Stadt mit Fischindustrie und Schiffswerften entwickelt. In Sulina wird deutlich, welche Arbeit der Fluss leistet: Er schwemmt alljährlich 80 Mio. Tonnen Ablagerungen an, wodurch das Delta um 40 m ins Meer hinaus wächst. Der 1802 an der Küste erbaute Leuchtturm steht heute mitten auf dem Marktplatz!

Schwarzes Meer

Auch wenn die Schiffe ab Sulina bis zum offenen Meer noch 12 km fahren müssen ist das 461 000 km² große und bis zu 2212 m tiefe Schwarze Meer zum Greifen nahe. Im Raumvolumen von 547 000 km³ wurden Erdöl-Pipelines verlegt, der Bau neuer Gasleitungen wurde eingestellt.

Braţul Sfântu Gheorghe

Sfântu Gheorghe ist das Zentrum der Störfischer an der der südlichen Flussader. Der Braţul Sfântu Gheorghe windet sich in großen, behäbigen Schleifen gemächlich dem Schwarzen Meer entgegen.

Die Kathedrale St. Peter und Paul in Constanţa – nördlich vom Kasino. | Am Fest in der Dobrudscha geht es heiter und fröhlich zu.

CONSTANŢA (KONSTANZA)

Constanţa wurde von den Griechen als *Tomis* gegründet. Die Blütezeit erlebte die Stadt unter den Römern. Der Dichter Ovid – von Kaiser Augustus ins Exil geschickt – verlebte hier seine letzten Jahre. Um 1300 erweiterten die Genuesen den Hafen, es folgten für 450 Jahre die Osmanen.

Um den Piaţa Ovidiu

Auf dem Platz erhebt sich die berühmte **Ovid-Statue** von Ettore Ferrari aus dem Jahre 1887.

Nördlich des Platzes stößt man im **Parcul arheologic** (Archäologischer Park) auf Säulen, Sarkophage, Amphoren und andere Überbleibsel aus dem Altertum.

Das **Muzeul de Istorie Naţională şi Arheologie** (Museum für Geschichte und Archäologie) im alten Rathaus zeigt südlich des Platzes die Geschichte der *Dobrudscha*. Viel Platz ist den Dakern gewidmet und auch die Gründung der ersten griechischen Stadt am Schwarzen Meer ist dokumentiert. Dazu gehört unmittelbar südlich im gläsernen Bau das 1959 entdeckte **Römische Mosaik** (4. Jh.), eines der größten römischen Bodenmosaike der Welt.

Unterhalb des Ovid-Platzes erhebt sich die **Moschee Mare Mahmoud II**; nach ihrem Erbauer auch »Moschee Carol« genannt. Ihr Inneres ist mit feinen Arabesken in Blau und Ocker verziert und mit großartigen Perserteppichen geschmückt, die 1915 Sultan Abdul Hamid stiftete. Vom fast 50 m hohen Minarett aus genießt man einen herrlichen Blick über Stadt und Meer.

Süden und Promenade

Nahe beim Kreuzfahrt-Terminal gelangen Sie zur **Catedrala Sfintii Apostoli Petru si Pavel** (19. Jh.) mit sehenswerten Fresken. Weiter in Richtung des Hafens folgt das **Muzeul Ion Jalea** (*Ion-Jalea-Museum*), wo die Skulpturensammlung des gleichnamigen rumänischen Künstlers (1887–1983) zu sehen ist.

Noch dichter am Wasser, wo das **Acvariul** (Aquarium) zahlreiche Exemplare hiesiger Fischarten zeigt, steht an der wellenumspülten Promenade der Rokokobau des **Cazinoul** (Kasinos).

Ein Bummel auf der Strandpromenade führt am **Farul Genovez** (Leuchtturm; 19. Jh.) vorbei und um die Spitze der Halbinsel herum zum **Portul turistic Tomis** (Touristenhafen), wo heute Jachten und Ausflugsboote ankern.

Die kräftige serbische Fischsuppe wird oft mit Karpfen zubereitet und schmeckt am besten unter freiem Himmel.

ESSEN UND TRINKEN

Ihre Donaukreuzfahrt kann zur kulinarischen Entdeckungsreise werden. Nach den reichhaltigen österreichischen Spezialitäten erwarten Sie in der Slowakei und Ungarn herzhafte Eintöpfe. In Bulgarien ist man zu Recht stolz auf den Joghurt, und Serbien und Rumänien haben weitere kulinarische Überraschungen auf Lager.

Bulgarien
Jahrhunderte osmanischer Herrschaft haben ihre Spuren in der bulgarischen Küche hinterlassen und machen sich in Gerichten wie *kyopolou* (eine Tunke aus gebackenen und pürierten Auberginen), gefüllten Paprikaschoten und *kebap* aus Rind- oder Schweinefleisch bemerkbar. *Banitza* ist ein warmes Käsegebäck, und *musaka* wird in Bulgarien ähnlich zubereitet wie in Griechenland und der Türkei. Suppen aus Spinat oder Zucchini schmecken köstlich. Und natürlich ist Bulgarien als Heimat des Joghurts bekannt.

Die besten bulgarischen Weine, besonders die Rotweine, sind heutzutage international berühmt. Man keltert sowohl Bordeaux-ähnliche Weine aus Cabernet-Sauvignon- und Merlot-Trauben als auch gute einheimische Tropfen wie die vollmundigen Mavrud und Melnik oder den leichteren Gamza.

Deutschland
Die Donau fließt durch Bayern, das besonders für sein Bier und seine Weißwürste bekannt ist; diese bestehen aus Kalbfleisch, werden mit Pfeffer und Zwiebeln gewürzt und mit süßem Senf serviert. Kosten Sie auch die fingerförmigen Blauen Zipfel, eine weitere Wurstsorte. Eine beliebte Vorspeise ist Leberknödelsuppe. Zum Hauptgericht gibt es z. B. *Kalbsvögerl* (gefüllte Kalbsrouladen) oder Schweinebraten.

Wer noch Platz hat für eine Nachspeise, probiert Schmarren (eine Art Eierkuchen) mit Äpfeln und Rosinen oder Zwetschgendatschi, ein Hefegebäck aus Pflaumen, Zimt und Zucker.

An deutschen Weinen gibt es eine große Auswahl. Franken, die Region um Würzburg und Bamberg, produziert spritzige Weißweine, die in für die Gegend typische Bocksbeutel (bauchige Flaschen) abgefüllt werden.

Kroatien

Die kroatischen Spezialitäten sind je nach Landesgegend sehr unterschiedlich. In den Regionen entlang der Donau sind noch türkische, ungarische und österreichische Einflüsse spürbar, genau wie im benachbarten Serbien. Würste und Räucherschinken sind ausgezeichnet. Ein guter Imbiss ist *burek*, ein großes, rundes Gebäck, das mit Fleisch oder Käse gefüllt ist. Den Hauptgang bilden oft Eintöpfe aus Wurst und Bohnen, und zum Nachtisch gibt es eine köstliche Version des Apfelstrudels, *Bregovska pita* genannt.

Joghurt. Die Bulgaren bezeichnen sich voller Stolz als Erfinder des Joghurts. Der Legende nach soll ein Schäfer aus dem Balkangebirge, der kein Behältnis für seine Ziegenmilch besaß, diese in einen Schlauch aus einer frisch abgezogenen Tierhaut geschüttet haben. Am nächsten Morgen entdeckte er darin sein Joghurt, das sich durch eine nur in dieser Gegend vorkommende Bakterie, den *Lactobacillus bulgaricus*, herausgebildet hatte. Aus manchen Quellen geht hervor, dass Joghurt bereits bei den Protobulgaren (7. Jh.) bekannt war. Die Theorie, Joghurt stamme aus Zentralasien, stößt bei den Bulgaren auf helle Empörung.

Von der dalmatischen Küste und den kroatischen Inseln kommen empfehlenswerte Rot- und Weißweine; die Einheimischen nutzen gerne die Gelegenheit, sich ein (oder zwei) Gläschen *šljivovica*, (Zwetschgenschnaps) zu Gemüte zu führen.

Österreich

Die Kaiser, Erzherzöge und Generäle gehören der Vergangenheit an, nicht aber die österreichischen Spezialitäten: das Wiener Schnitzel, ein breites, dünn geschnittenes Stück vom Kalb, in einer Panade aus Ei und Semmelmehl knusprig gebraten; das Wiener Backhendl, ebenfalls paniert; der Tafelspitz, Lieblingsgericht der Wiener aus gekochtem Rindfleisch, Gemüse und Bratkartoffeln; oder die Knödel aus Semmeln oder Kartoffeln, die als Suppeneinlage oder Beilage zum Fleisch serviert werden.

Mit einer eingebetteten Aprikose (Marillenknödel) oder als süße Quarkklöße (Topfenknödel) werden die Knödel zum warmen Dessert.

Der Apfelstrudel besteht aus dünn geschnittenen Äpfeln, die mit Rosinen und Zimt in eine nahezu transparente Schicht Blätterteig gerollt werden. Apropos Teig: Kirschen, Erdbeeren, Haselnüsse, Walnüsse, Mohn, Äpfel und Schokolade können Sie in unzähligen Torten-, Kuchen- und

Gebäckvarianten kosten. Probieren müssen Sie sie auf jeden Fall, ob mit Schlag oder ohne. Und vergessen Sie nicht, am Expertenstreit darüber teilzunehmen, ob die berühmte Sachertorte geschnitten wird oder nicht, und wo sie mit Aprikosenmarmelade gefüllt sein sollte. Dazu passt ein starker Kaffee, wobei die Österreicher eine große Auswahl an Kaffeesorten anbieten.

Man trinkt in Österreich hauptsächlich Weißwein. Der Gumpoldskirchener ist recht schwer und verdankt sein volles Bukett den südlichen Weinbergen Wiens.

Aus der Umgebung nördlich von Wien kommen Grinzinger und Nussdorfer, und in der westlich gelegenen Wachau werden spritzige Tropfen u. a. in Spitz, Dürnstein, Loiben, Rossatz und Mautern produziert. Sie gehören zu den Niederösterreichischen Weißweinen, die vor allem aus Grünem Veltliner und Riesling gekeltert werden.

Am besten probiert man den jungen Wein beim »Heurigen«, einer typischen Weinstube. Die Österreicher, unwichtig aus welcher Region, keltern mehr und mehr an hervorragenden Tropfen.

istockphoto.com/lzso

Österreich Werbung

Nat. Tourismus Organisation Serbiens/Bosnic

Touristeninformation Linz

Kulinarische Stationen einer Donaureise: ungarisches Gulasch; Wiener Schnitzel; Weinstöcke und -gefäße in Serbien; köstliche Linzertorte.

Rumänien
Die rumänische Küche ist kräftig und nahrhaft. Zu fast jedem Essen gehören Kartoffeln (*cartofi*) und Maisbrei (*mamaliga*). Beim Fleisch steht Schwein an erster Stelle. Die Gerichte sind häufig eher fad als würzig und Vegetarier werden nur schwer auf Ihre Kosten kommen. Zu Mittag gibt es oft Suppe: *borsş* aus Roter Bete und Innereien, säuerlich schmeckende *ciorbă* aus gegorener Kleie mit Zutaten wie Kaldaunen, Kartoffeln, Markknochen oder Huhn und *colesa* aus Röhrenpilzen.

Zu den schmackhaften Hauptgerichten gehören *sarmale*, goldbraun gebackene, mit Hackfleisch und Reis gefüllte Kohlrouladen, *pui*, geröstetes Huhn mit Bratkartoffeln und Sauce, *pilaf de berbec* (Hammelfleisch mit Reis), *muschiu*, gegrillte Schweine- oder Rindskoteletts oder *mititei* (kleine Grillwürstchen aus Hackfleisch mit Knoblauch und Gewürzen).

Das Gemüse besteht gewöhnlich aus in Öl geschmorten Auberginen- oder Paprikascheiben oder dicken Gewürzgurken. An Salaten gibt es Kopfsalat, Tomaten und Gurken.

Käse ist gelb und fest (*caşcaval*) oder weiß und bröcklig (*urda* oder *brinza*). Desserts bestehen aus Obst, Eiscreme oder Kuchen (zu besonderen Anlässen mit Sahne und Zuckerguss verziert).

Zum Aperitif genehmigt man sich oft ein kleines Glas starken Pflaumenschnaps (*ţuica*) – »Zum Wohl!« heißt auf Rumänisch *Noroc*. Von den einheimischen Weinen kommen die besten Tropfen von Murfaltar bei Constanţa; Die vorzüglichsten weißen, Traminer oder Riesling oder trockener *feteasca*, werden in Cotnari gekeltert. Zum Essen trinken Rumänen gern weißen Wein, oft mit Mineralwasser verdünnt. Das Bier (*bere*) ist gut und Flaschenwasser (*apa minerale*) ist leicht kohlensäurehaltig.

Serbien
Als Vorspeisen empfehlen sich *pršut* (Rohschinken) oder *salama* (eine Art Salami), aber auch *pasulj* (serbische Bohnensuppe mit Paprikaschoten und geräuchertem Schweinefleisch) oder *gulaš* eine kräftige Suppe mit Rindfleischstücken.

Zu den beliebten Hauptspeisen zählen *ćevapčići* (gegrillte würzige Hackfleischröllchen), *pljeskavice* (Hackbraten vom Rost), *ražnjići* (Fleischspießchen vom Grill), *sarma* (mit Hackfleisch und Reis gefüllte Kohl- oder Weinblätter oder Paprikaschoten) und *musaka* (Lagen aus Hackfleisch abwechselnd mit Auberginen-, Kartoffel- oder Zucchini-Scheiben, im Ofen gebacken). Als Beilage gibt es oft *srpska salata* (Tomatensalat), außerhalb der Saison auch eingelegtes Gemüse. Wer gerne einen Barsch frisch aus der Donau probieren möchte, findet in Belgrads Vorort Zemun gute Fischrestaurants.

Den Abschluss einer Mahlzeit bilden *baklava* (Blätterteiggebäck mit Walnüssen und Honig), *palačinke* (Pfannkuchen mit Nüssen, Marmelade, Schokoladensauce oder Eiscreme), Strudel ist eine weitere verlockende Süßigkeit, und manchmal wird auch Obst und Käse gereicht.

Prima Rotweine kommen aus Sremski Karlovci (Karlowitz) nahe Novi Sad an der Donau. Eine kleine Hilfe für die Bestellung: *crno* heißt rot, *belo* weiß. Nach einem üppigen Mahl kann ein Schluck *šljivovica* (Zwetschgenwasser) oder *lozovača* (Tresterschnaps) Wunder wirken.

Slowakei

In der slowakischen Küche vermischen sich slawische und ungarische Einflüsse. Die slowakischen Gerichte sind gewöhnlich gut und preiswert. Neben Restaurants (*restaurácia*) gibt es Weinstuben (*vináren*) und Konditoreien (*cukráren*).

Huber/Schmid

istockphoto.com/Шевченко

Wohlverdiente Pause in Budapest im Café Gerbeaud am Vörösmarty-Platz. | »Hanul lui Manuc« einst – »Manuc's Inn« heute: Die Gaststätte in Bukarest lohnt den Besuch.

UNGARISCHE WEINE

In Ungarn werden viele Qualitätsweine produziert, darunter der berühmte *Tokaji* (auch Tokay) aus der gleichnamigen Gegend in den nördlichen Mittelgebirgen. Man stellt ihn aus Furmint- und Hárslevelü-Trauben her. Es gibt ihn von trocken *(Tokaji Furmint)* bis süß-schwer *(Tokaji Aszu)*.

Letzterer zählt zu den besten Weinen der Welt – er wurde von Ludwig XIV. besonders geschätzt und von Beethoven und Schubert besungen – sein Zuckergehalt wird in *puttonyos* von 3 bis 6 (der süßeste) ausgedrückt und gibt die Buttenzahl (Konzentration) der edelfaulen Trauben an, die dem bereits vergorenen Grundwein zugefügt werden.

Bekannter für Ungarn in das Erlauer Stierblut *(Egri Bikavér)* aus Eger (deutsch: Erlau).

Der Name des roten Tafelweines spricht Bände über den vollmundigen Charakter dieses Tropfens. Er passt ausgezeichnet zu den Fleischgerichten, die das Land in Hülle und Fülle zu bieten hat.

Das Gleiche gilt auch für die jüngeren Sorten wie *Kékfrankos* und *Kékoportó* und den guten *Villányi-Burgundi*.

Zu Fisch aus dem Plattensee sollten Sie einen *Balatonfüred-Csopak* trinken. Die Römer, die den Rebbau einführten, schätzten die hiesigen Weine. Von den Rebbergen um den Badacsonyi an der Nordseite des Sees kommen Weißweine aus Rebsorten wie Olaszrízling, Traminer und Pinot Blanc, aber auch Rotweine. Ungarn produziert allgemein sehr gute Weine.

Huber/Pavan

Probieren Sie folgende Spezialitäten: das pikante Rindsgulasch nach Bratislavaer Art; Fleischspieße mit Schweine-, Rind- und Lammfleisch und dazu Speck, Wurst, Paprikaschoten und Zwiebeln (scharf gewürzt!). Als Beilage gibt es Kartoffeln in verschiedener Zubereitung, z. B. als Knödel. Typisch ist auch geräucherter Käse, mit Schinken frittiert und mit *sauce tartare* serviert.

Als Getränke empfehlen sich Bier *(pivo)* oder Wein (*vino*). Aus den Kleinen Karpaten kommen vor allem Veltliner, Sylvaner und Riesling und Weine mit klingenden Namen wie Malokarpatské zlato (»Gold aus den Kleinen Karpaten«). Außerdem gibt es allerlei Schnäpse wie *borovicka* (ginähnlich), *slivovica* (Pflaumenbranntwein) oder *marhulovica* (Aprikosenbranntwein). Obst kann man aber auch in Form von Fruchtsäften genießen.

Ungarn

Zuerst einige empfehlenswerte Vorspeisen: *Libamáj-pástétom*, eine luftige Blätterteigtasche, gefüllt mit Gänseleber; *Hortobágyi húsos palacsinta*, Eierkuchen, gefüllt mit Hackfleisch und saurer Sahne; *gombafejek rántva*, panierte Pilze.

Auf jeder ungarischen Speisekarte nehmen die Suppen einen wichtigen Platz ein, z. B. *gulyásleves*, die berühmte Gulaschsuppe aus Rindfleisch, Kartoffeln, Tomaten und Zwiebeln, abgeschmeckt mit viel Paprika und Kümmel, oder *szegedi halászlé*, eine Art Bouillabaisse aus Süßwasserfischen.

Hier ein paar Fischspezialitäten: *paprikás ponty*, Karpfen an Paprikasauce; *rácponty*, Karpfen mit saurer Sahne; *pisztráng tejszín mártásbán*, gebackene Forelle in Sahnesauce.

Einige typische Fleischgerichte: *pörkölt* oder *bográcsgulyás*, scharfes Ragout; *paprikás csirke*, Hühnchen mit saurer Sahne und Paprika; *töltött paprika*, gefüllte Paprikaschoten; *bélszin Budapest módra*, Beefsteak an einer Sauce aus Paprika, Pilzen, Erbsen und Hühnerleber.

Wenn Sie danach noch Platz haben, gibt es zum Nachtisch verschiedenste Strudel (*rétes*), gefüllt mit *almás* (Äpfeln), *mákos* (Mohn), *meggyes* (Sauerkirschen) oder *túrós* (Quark); oder *palacsinta* (Pfannkuchen mit verschiedenen Füllungen). Einfachere, aber ebenso leckere Nachspeisen sind Eiscreme (*fagylalt*) und Obst (*gyümölcs*).

Neben dem Wein (*bor*) ist auch das ungarische Bier (*sör*) sehr zu empfehlen. Nach einem üppigen Essen trinkt man in Ungarn gerne starken Kaffee und dazu manchmal ein Glas *pálinka* (Obstbranntwein).

Damaszener-Rosen werden v. a. in Bulgarien angebaut und vielseitig genutzt.

EINKAUFEN

Sie haben die Qual der Wahl: von bulgarischem Rosenwasser über kroatische Designermode bis zu rumänischen Stickereien. In allen Ländern an der Donau ist schönes Kunsthandwerk erhältlich.

Bulgarien

In Bulgarien werden folgende Andenken und Kunsthandwerk angeboten: bestickte Tischtücher, Modeschmuck, Spitzen, Trachtenpuppen, Webteppiche, Holzspielsachen, Reproduktionen von Ikonen, Gemälde sowie Antiquitäten. Bei seriösen Antiquitätenhändlern kann man tatsächlich Schätze finden, doch braucht man für den Export möglicherweise ein Zertifikat. Als Mitbringsel eignen sich auch bulgarischer Wein, *rakia* (Schnaps) in versiegelten Keramikgefäßen und Töpferwaren, nicht zu vergessen ist das berühmte Rosenwasser.

Deutschland

Zu den attraktivsten Andenken zählen Spielsachen, von Modelleisenbahnen bis zu hübschen Trachtenpuppen. Eine weitere Spezialität ist Porzellan, seien es Reproduktionen oder Kreationen. In den Museumsshops kann man Kunstbücher und Lithografien erstehen und überall gibt es für Geschenke Ess- und Trinkbares.

Kroatien

Auch in Kroatien findet man kunsthandwerkliche Artikel wie Holzspielzeug, geklöppelte Spitzen und schönen Schmuck.

Einige kroatische Modeschöpfer haben sich international einen Namen gemacht, und es lohnt sich bei Gelegenheit (in größeren Orten), einen Abstecher in die Designerboutiquen zu machen. Wussten Sie übrigens, dass das Wort »Krawatte« (abgeleitet von »*hrvati*« – Kroaten) und das Kleidungsstück selbst von hier stammen? Vermutlich waren es die Halstücher der kroatischen Söldner im Heer Ludwigs XIV., die bei den französischen Soldaten Anklang fanden – so kam die spätere »Krawatte« in Mode …

In Kroatien werden auch Teppiche produziert und Lederwaren findet man überall. Überprüfen Sie für Kleidung und Taschen immer die Nähte. Honig, Käse, Wurst, Rohschinken, Oliven und Wein – gut verpackt – bringen kroatische Aromen mit nach Hause, in Ihre Küche.

Österreich

In der sehr von ihrer Geschichte geprägten Donaumetropole Wien erstaunt es nicht, dass viele Antiquitäten verkauft werden. Kunstgegenstände und Möbel erwerben Sie am besten in den kleinen Läden im Zentrum. Der Hauch der Vergangenheit ist noch in Spezialgeschäften für Münz- und Briefmarkensammler zu spüren. Wo sonst findet man z. B. gut erhaltene Briefmarken von Bosnien-Herzegowina, die bereits im 20. Jh. herausgegeben wurden?

Die staatliche Augarten-Porzellan-Manufaktur stellt heute noch handbemaltes Rokoko-Porzellan her. Schöne Petit-Point-Stickereien sind an der Kärntner Straße erhältlich: auf Handtäschchen, Kissen und vielen anderen Gegenständen, mit Blumen-, Folklore- und Künstlermotiven. Elegante Läden säumen den Graben und den Kohlmarkt. Sollte Ihr Geschmack von Ausgefallenem bis zum Edelkitsch reichen, versuchen Sie Ihr Glück am Samstagvormittag auf dem Flohmarkt am Naschmarkt. Auch in Salzburg gibt es längst nicht nur Mozartkugeln zu kaufen.

Österreich Werbung

Barbara Ender

Konstantin Kovčec

Echte Sachertorte wird auch transportgerecht verpackt. | Zarte Spitze aus Rumänien. | Reizvolle Petit-Point-Arbeiten gibt es immer weniger, profitieren Sie vom Angebot in Wien.

Ungarisches Porzellan. Hochwertige ungarische Keramik und Porzellan haben Tradition. Zwei Porzellanmanufakturen sind herausragend. Jene von **Herend** im gleichnamigen Ort unweit des Plattensees stellt seit 1826 erlesene Vasen, Tafelgeschirr, Schüsseln und Figurinen her – alles von Hand bemalt. Sie sind auch bei gekrönten Häuptern beliebt. Stammkunden waren Königin Viktoria, Kaiser Wilhelm I., der Schah von Persien und – in jüngerer Zeit – der englische Thronfolger Prinz Charles. Im Herend-Geschäft, *V. József Nádor tér 11*, direkt hinter dem *Vörösmarty tér*, können Sie sich von der Qualität überzeugen. Die Firma **Zsolnay Porzellan** produziert seit Ende des 19. Jh. u. a. wasserdichte, glasierte Keramikdachziegel, die die Dächer der Matthiaskirche in Budapest, der Markthalle und des Kunstgewerbemuseums bedecken. Das **Zsolnay Museum** in Pécs erläutert die Geschichte der Manufaktur.

Marguerite Martinoli

Rumänien

Auch wenn nur noch wenige junge Rumäninnen ihre Aussteuertruhen mit selbst gefertigten Häkel- und Stickarbeiten anfüllen, sind traditionelle Kunstfertigkeiten erhalten geblieben. »Artizanat« genannte Läden verkaufen handbesticktes Leinen, aber die Preise dafür sind hoch. Aus den roten gewebten Tücher, die bei orthodoxen Hochzeiten getragen werden, kann man auch Tischdecken und Vorhänge nähen. Weitere lohnende Käufe sind bunte Holzschnitzereien, Ikonen und bemalte Keramik.

Serbien

Die Auswahl an Kunsthandwerk ist groß, die Preise sind vernünftig. Schön sind Stickereien, Spitzen und Wollsachen. Außerdem gibt es Schaffellpantoffeln, Korbwaren, Keramik und Holzschnitzereien (Schachspiele, Schalen). Das türkische Erbe ist präsent: kupferne Kaffeekannen, Filigranschmuck und Lederwaren. Auf Märkten sollte man unbedingt feilschen. Und selbst in Läden können Sie eine Preisermäßigung erwarten, wenn Sie bar zahlen.

Slowakei

An Mitbringseln sind in erster Linie Stickereien und Spitzen, handbemalte Keramik und Porzellan, Holzschnitzarbeiten und Schmucksachen zu erwähnen.

hemis.fr/Nicolas

istockphoto.com/R. Razvan

istockphoto.com/Kenez

Außerdem findet man schönes Kristallglas. Stöbern Sie in den Boutiquen der Altstadt von Bratislava nach Kunsthandwerk.

Ungarn

Die elegantesten Geschäfte finden Sie in der *Váci utca* und rund um die Fußgängerzone von Budapest. Ein beliebtes Mitbringsel ist handbemaltes Porzellan aus der weltberühmten Herend-Manufaktur. Oder ein Bild vom Straßenkünstler um die Ecke? Kunsthandwerk finden Sie aus Messing, Kupfer und Feinsilber, Lederwaren, Schachspiel und Holzschnitzereien. Handgefertigte Teppiche und Wandbehänge haben oft typische Muster, ebenso bestickte Hemden, Blusen und Leinenwaren. Trendige T-Shirts sind in allen Farben erhältlich, von XXS bis XXL. Paprikagewürz (ob grob, fein oder scharf), Strudel und Kuchen, pikante Würste – sind ein Muss.

CDs berühmter Komponisten wie Liszt, Kodály, Bartók sind beliebt, und die in Restaurants auftretenden Künstler bieten ihre Meisterstücke mit Geige und Hackbrett oft auf ihren eigenen Scheiben an.

Naive Malerei aus Serbien. | Holzschnitzereien zieren häufig die Haustüren in rumänischen Dörfern. | Bestickte Pantoffeln aus Ungarn.

WICHTIGES IN KÜRZE

Im Folgenden finden Sie einige praktische Informationen zu den Ländern entlang der Donau, die Ihnen bei der Reisevorbereitung helfen können.

Einreise

Bürger der Europäischen Union und der Schweiz brauchen einen gültigen Reisepass.

Feiertage

Bulgarien

1. Januar	Neujahr
3. März	Nationalfeiertag
1. Mai	Tag der Arbeit
6. Mai	Georgstag
24. Mai	Tag der bulgarischen Kultur und des slawischen Schrifttums
6. September	Tag der nationalen Einheit
22. Sept.	Unabhängigkeitstag
1. November	Tag der Volksaufklärer
24.–26. Dez.	Weihnachten

Beweglich: Orthodoxe Ostern (Freitag und Montag).

Deutschland

1. Januar	Neujahr
1. Mai	Maifeiertag
3. Oktober	Tag der Deutschen Einheit
25./26. Dez.	Weihnachten

Beweglich: Karfreitag, Ostermontag, Christi Himmelfahrt, Pfingstmontag. Die Feiertage *Heilige Drei Könige* (6. Januar), *Mariä Himmelfahrt* (15. August) und *Allerheiligen* (1. November) werden nur in einigen Bundesländern begangen, z. B. in Bayern.

Kroatien

1. Januar	Neujahr
6. Januar	Hl. Drei Könige
1. Mai	Tag der Arbeit
22. Juni	Tag des Antifaschismus
25. Juni	Nationalfeiertag
5. August	Dankfeiertag
15. August	Mariä Himmelfahrt
8. Oktober	Tag der Unabhängigkeit
1. Nov.	Allerheiligen
25.–26. Dez.	Weihnachten

Beweglich: Ostermontag, Fronleichnam.

Österreich

1. Januar	Neujahr
6. Januar	Hl. Drei Könige
1. Mai	Tag der Arbeit
15. August	Mariä Himmelfahrt
26. Oktober	Nationalfeiertag
1. November	Allerheiligen

8. Dezember Mariä Empfängnis
25. Dezember Weihnachten
26. Dezember Stefanstag
Beweglich: Karfreitag, Ostermontag, Christi Himmelfahrt, Pfingstmontag, Fronleichnam.

Rumänien
1.–2. Januar Neujahr
1. Mai Tag der Arbeit
15. August Mariä Himmelfahrt
30.November Andreastag
1. Dezember Nationalfeiertag
25.–26. Dez. Weihnachten
Beweglich: Orthodoxe Ostern, Ostermontag, Pfingstmontag.

Serbien
1.–2. Januar Neujahr
7. Januar Orthod. Weihnachten
15.–16. Feb. Nationalfeiertag
8. März Int. Tag der Frau
1.–2. Mai Tag der Arbeit
11.November Gedenktag 1918
Beweglich: Orthodoxe Ostern (Karfreitag, Ostermontag).

Slowakei
1. Januar Gründungstag
6. Januar Hl. Drei Könige
1. Mai Tag der Arbeit
8. Mai Tag des Sieges
5. Juli Hl. Kyrill u.Method
29. August Tag des Slowakischen Nationalaufstands
1. September Tag der Verfassung
15. September Mariä 7 Schmerzen
1. November Allerheiligen
17. November Tag des Kampfes für Freiheit/Demokratie
24.–26. Dez. Weihnachten
Beweglich: Karfreitag, Ostermontag.

Ukraine
1. Januar Neujahr
7. Januar Orthodoxe Weihnachten
8. März Internationaler Frauentag
1. Mai Tag der Arbeit
9. Mai Tag des Sieges (zum Gedenken an das Ende des 2. Weltkriegs)
28. Juni Tag der Verfassung
24. August Tag der Unabhängigkeit
Beweglich: Orthodoxe Ostern und Pfingsten

Ungarn
1. Januar Neujahr
15. März Gedenktag 1848
1. Mai Tag der Arbeit
20. August Nationalfeiertag
23. Oktober Gedenktag 1956
1. November Allerheiligen
25./26. Dez. Weihnachten
Beweglich: Oster- und Pfingstmontag.

Geld

Auf Ihrer Reise begegnen Sie verschiedenen Währungen, doch wird der € (Euro) in allen Ländern angenommen. Bewahren Sie jeweils die Wechselquittungen auf, damit Sie die Fremdwährungen bei der Ausreise zurücktauschen können. Kreditkarten werden fast überall akzeptiert, aber tragen Sie immer etwas Bargeld auf sich.

Bulgarien. Der *lev* (Mehrzahl *leva*, abgekürzt Lv oder BGN), unterteilt in 100 *stotinki*. Münzen von 1 bis 50 Stotinki und 1 Lev; Scheine von 2 bis 100 Leva (1-Lev-Scheine sind selten). Über eine schnellere Einführung des € (Euro) wird erneut verhandelt.

In **Deutschland** gilt der € (Euro).

Kroatien. Die *kuna* (HRK), unterteilt in 100 *lipa*. Münzen von 1 bis 50 Lipa und von 1 bis 5 Kuna; Scheine von 10 bis 200 (selten 500 und 1000) Kuna.

In **Österreich** gilt nach wie vor der € (Euro).

Rumänien. Der *leu* (Mehrzahl *lei*, abgekürzt RON), unterteilt in 100 *bani*. Münzen von 5 bis 50 Bani (selten 1 Ban); Scheine von 1 Leu bis 100 Lei (selten 200 und 500 Lei). Der € (Euro) soll 2019 eingeführt werden.

Serbien. Der *dinar* (abgekürzt RSD). Münzen: 1 bis 20 RSD; Scheine: 10 bis 5000 RSD. Ein *dinar* ist in 100 *para* unterteilt, wird aber selten benutzt.

Die **Slowakei** hat im Januar 2009 den € (Euro) eingeführt.

Die **Ukraine** kennt seit 1996 als offizielle Währung den *hrywnja;* (abgekürzt UAH). 1 UAH entspricht 100 Kopeken. Es gibt Münzen von 1 bis 25 und Banknoten von 1 bis 500 *hrywnja*.

In **Ungarn** steht die Einführung des Euro frühestens 2020 an. In der Regel dient aber der *forint* (Ft. oder HUF) als Zahlungsmittel. Im Umlauf sind Münzen von 5 bis 200 Ft. sowie Scheine von 500 bis 20000 Ft. (Alte 200-Ft.-Scheine können in der Bank umgetauscht werden.)

Gepäck

Für Flusskreuzfahrten und Ausflüge in Nationalparks empfehlen sich unbedingt bequeme und feste Schuhe, in einem Rucksack ein Fernglas und ein Fotoapparat sowie eine praktische Windjacke für windige Stunden auf dem Schiffsdeck. Nicht fehlen sollten eine Kopfbedeckung, Sonnenschutzcreme und ein Insektenschutzmittel sowie einen Regenschirm.

An Kleidung sind für den Sommer leichte Baumwollsachen zu empfehlen, für kühlere Abende braucht man eine Jacke oder einen Pullover. Für besondere Anlässe wie Theater, Konzert und Kapitäns-Dinner zieht man sich gewöhnlich etwas eleganter an.

Gesundheit

Zwischen den Ländern der EU (und der Schweiz) bestehen Gesundheitsabkommen. Nehmen Sie auf jeden Fall Ihre EU-Versicherungskarte auf die Reise mit, um sie im Fall einer ärztlichen Konsultation vorweisen zu können.

Die medizinische Versorgung ist im Allgemeinen auf einem guten Niveau. Viele Ärzte und Zahnärzte sprechen etwas Englisch, manchmal auch Deutsch. Diejenigen Medikamente, die Sie regelmäßig einnehmen müssen, sollten Sie in ausreichender Menge mitführen.

Klima

Im Donautal herrscht generell ein kontinentales Klima. Die Winter sind meist hart, mitunter schneit es; im Januar und Februar können die Temperaturen bis auf –15 °C sinken. Im Sommer hingegen steigt das Thermometer häufig auf 30 °C und höher, und vor allem im Juli und August kann es gerade in den Städten sehr heiß und schwül werden. In den Bergen oder an der Schwarzmeerküste herrschen angenehmere Bedingungen.

Von April bis Juni sowie im September und Anfang Oktober ist es meistens noch sehr angenehm warm. Gelegentlich kommt es zu Unwettern.

Kommunikation

Der Zugang zum internationalen Telefonnetz erfolgt über die Ziffern 00 und die folgenden Ländervorwahlen: Bulgarien 359, Deutschland 49, Kroatien 385, Österreich 43, Rumänien 40, Serbien 381, Slowakei 421, Ukraine 380 und Ungarn 36.

Internet finden Sie überall in Restaurants, Hotels oder Internetcafés. Informieren Sie sich allenfalls im Tourismusbüro für vorhande Wifi-Zonen.

Überprüfen Sie vor der Abreise die Abmachungen betreffend der gewährten Leistungen im Ausland für Ihr Mobiltelefon; richtige Angaben helfen sparen und von Angeboten profitieren.

Achten Sie auf richtig gespeicherte Telefonnummern, damit Sie im Notfall Ihre Familie und Freunde problemlos und schnell erreichen können.

Notfälle

In **Bulgarien, Deutschland**, **Kroatien, Österreich** und **Ungarn** erreichen Sie mit der 112 Notarzt, Polizei und Feuerwehr.

In **Serbien** gelten folgende Nummern. Polizei 192, Feuerwehr 193 und Ambulanz 194. Nummer 112 ist erst in Planung.

In der **Slowakei** gilt die Nummer 155 für allgemeine Notrufe, Polizei 158, Feuerwehr 150 oder der EU Notruf 112.

Für Notfälle in der **Ukraine** gelten die Nummern 101 für die Feuerwehr, 102 für die Polizei und 103 für einen Notarzt, oder der EU Notruf 112 (nur teilweise und nur über Mobiltelefone).

Konsulate sollten nur in kritischen Fällen kontaktiert werden (Verlust des Passes), nicht für übliche Diebstähle.

Öffentlicher Verkehr

Die Großstädte an der Donau verfügen über ein Netzwerk von Bussen, Straßenbahnen und U-Bahnen, die verlässlich und preiswert sind. In der Regel verkehren die öffentlichen Verkehrsmittel zwischen 5 Uhr und Mitternacht.

Vergewissern Sie sich vor dem Kauf von Fahrkarten, ob die Besucherpäße der jeweiligen Stadt allenfalls ausreichend sind.

Auch Taxis sind gewöhnlich nicht teuer und gerade in Städten wie etwa Belgrad und Bukarest ein praktisches Verkehrsmittel; überprüfen Sie aber, dass der Zähler eingestellt ist und zu Beginn der Fahrt auf 0 steht. Wenn kein Taxameter vorhanden ist, sollten Sie den Preis vor Antritt der Fahrt mit dem Taxifahrer vereinbaren.

Die Zugverbindungen zwischen den einzelnen Städten sind im Allgemeinen sehr gut.

Rückerstattung der Mehrwertsteuer

In den EU-Ländern wird eine Mehrwertsteuer erhoben. Nicht in der EU ansässige Touristen können sich diese Steuer zurückerstatten lassen, sofern sie Waren zu einem bestimmten Mindestbetrag kaufen.

Verlangen Sie beim Kauf das Formular für die Mehrwertsteuerrückerstattung (Tax Refund Cheque/TRC). Lassen Sie sich den

istockphoto.com/Radosavljevic

istockphoto.com/Stoyanov

wikimedia.org/Egrian

istockphoto.com/lillisphotography

TRC bei jenem Zollamt, das Sie beim Verlassen der EU als letztes passieren, abstempeln (rechnen Sie dafür genügend Zeit ein); lösen Sie ihn in einer Bank oder am Geldwechsel-Schalter im Transferbereich gegen Geld ein, oder werfen Sie ihn in den Briefkasten im Transfergate (weitere Infos: www.global-blue.com).

Sicherheit

Nehmen Sie sich im Gedränge (auf Märkten, öffentlichen Verkehrsmitteln, Geschäften) vor Taschendieben in Acht. Führen Sie niemanden mit offenen Handtaschen und Geldsummen in Versuchung. Lassen Sie Wertsachen im Hotelsafe oder zu Hause.

Sprache

Versuchen Sie, ein paar einfache Worte in der jeweiligen Landessprache zu lernen; die Einheimischen werden sich freuen – auch wenn viele etwas Englisch oder Deutsch verstehen und sprechen.

Bulgarisch. *Dobar den* (Guten Tag), *da* (ja), *ne* (nein), *molja* (bitte), *mersi* (danke).

Kroatisch. *Dobar dan* (Guten Tag), *da* (ja), *ne* (nein), *molim* (bitte), *hvala* (danke).

Rumänisch. *Bună ziua* (Guten Tag), *da* (ja), *nu* (nein), *vă rog* (bitte), *mulţumesc* (danke).

Serbisch. *Dobar dan* (Guten Tag), *da* (ja), *ne* (nein), *molim lepo* (bitte), *hvala* (danke).

Slowakisch. *Dobrý deň* (Guten Tag), *áno* (ja), *nie* (nein), *prosim* (bitte), *d'akujem* (danke).

Ukrainisch. *Dobri den* (Guten Tag), *tak* (ja), *ni* (nein), *proshu* (bitte), *djakuyu* (danke)

Ungarisch. *Szervusz* (hallo), *igen* (ja), *nem* (nein), *kérem* (bitte), *köszönöm* (danke).

Stromspannung

220, 230, 240 Volt, 50 Hz Wechselstrom. Nehmen Sie vorsichtshalber einen Adapter mit.

Touristenpässe

So verschieden die Städte sind, so abweichend sind die Angebote; hier sind einige Tipps:

Die **Belgrade City Card** gibt es seit 2015, sie gewährt bis zu 50 % Ermäßigung für Museen, Sehenswürdigkeiten und Stadtrundfahrten sowie die kostenlose Nutzung des öffentlichen Nahverkehrs.

Mit der **Bratislava City Card** (24, 48, 72 Stunden) dürfen Sie ebenfalls die öffentlichen Verkehrsmittel benutzen; dazu kommen Ermäßigungen für Museen und Ausflüge.

Die **BudapestCard** (24, 48, 72 Stunden) gibt Anrecht auf Benutzung der Verkehrsmittel, Eintritt zu Museen, Zoo sowie weitere Vergünstigungen.

Die **BucharestCity Card** gibt es nur für eine Dauer von 72 Stunden, für Tagesausflüge gibt es für Bus und Metro zeitlich beschränkte Fahrkarten, oder 2-Fahrten- und 10-Fahrten-Karten.

Die Stadt **Sofia** schlägt Tageskarten oder Mehrfahrten-Karten für Tram und Busse vor, das Gleiche für die Metro. Es gibt elektronische Tickets für Bus und Tram, für Metro ebenfalls separat.

Die **Wien-Karte** (24, 48 und 72 Std.) berechtigt zu unbeschränkten Fahrten mit U-Bahn, Bus und Straßenbahn sowie zu Vergünstigungen in vielen Museen, Läden und Restaurants.

Trinkgeld

Bulgarien. Für Kellner und Taxifahrer sind etwa 10 % üblich.

Deutschland. Das Trinkgeld ist inbegriffen, doch kann man Beträge gerne aufrunden. Für Taxifahrten sind 10 % angebracht.

Kroatien. Man gibt Kellnern und Taxifahrern 10–12 %.

Österreich. In Hotels, Restaurants sind 10–15 % üblich. Auch in Kaffeehäusern freut man sich über eine Aufmerksamkeit. Taxifahrer erwarten 10 %.

Rumänien. In Restaurants ist das Trinkgeld oft inbegriffen; andernfalls sind etwa 10 % üblich. Taxifahrer erwarten ein Trinkgeld.

Serbien. Geben Sie Kellnern und Taxifahrern etwa 10 %.

Slowakei. In Restaurants und für Taxifahrer sind etwa 10 % Trinkgeld üblich.

Ukraine. Das Bedienungsgeld ist in der Regel inbegriffen. Trinkgeld wird in Restaurants und für Taxifahrten gerne angenommen.

Ungarn. In Restaurants und Hotels sowie für Taxifahrten rechnet man mit 10–15 % Trinkgeld.

Umgangsformen

In Mittel- und Osteuropa stößt man teilweise noch auf althergebrachte Aufmerksamkeiten wie den Handkuss. Beim Besuch von Kirchen und Klöstern sollte man keine nackten Schultern und Knie zeigen; Frauen binden sich ein Kopftuch um. Bedenken Sie, dass in Bulgarien ein horizontales Kopfschütteln *Ja* bedeutet, während man mit vertikalem Nicken *Nein* ausdrückt!

Wasser

Leitungswasser ist im Allgemeinen trinkbar, schmeckt aber oft nach Chlor. In Flaschen abgefülltes Mineralwasser gibt es überall.

Zeit

Deutschland, Österreich, Kroatien, Serbien, die Slowakei und Ungarn richten sich Mitteleuropäischer Zeit, UTC +1 und kennen die Sommerzeit. Berlin und Wien haben die gleiche Uhrzeit.

In Bulgarien, Rumänien und Ukraine gilt die Osteuropäische Zeit, UTC +2 Stunden und +1 Stunde im Sommer. Ist es in Berlin 12 Uhr, ist es im Bukarest, Sofia oder Kiew 13 Uhr, ob im Winter oder im Sommer.

Walhalla; zur Gedenkstätte am Main-Donau-Kanal führen 358 Marmorstufen, oben warten 130 Büsten berühmter Deutscher.

nemis.fr/Arnold

MEILENSTEINE AM UFER

Die folgende Tabelle führt wichtige Orientierungspunkte links und rechts der Donau auf, die auch auf den gleichnamigen Faltkarten hinten im Buch verzeichnet sind.

km (Flusskilometer)

R rechtes Ufer
L linkes Ufer

Schloss · Kirche · Kloster · Ruine · archäologische Fundstätte · Brücke · Industrie · Kraftwerk · Schleuse · auffälliges Bauwerk · Natur

km	Ufer	Symbole	Ort	Hinweise	Region	Land
2227		Schloss, Kirche	**Passau**			AT-DE
220		Schleuse, Kraftwerk	Jochenstein			AT-DE
2187			Schlögener Schlinge			AT
2162		Schleuse, Kraftwerk	Aschach			AT
2147		Schleuse, Kraftwerk	Ottensheim-Wilhering			AT
2135		Brücke	**Linz**, Nibelungenbrücke			AT
2120		Schleuse, Kraftwerk	Abwinden-Asten			AT
2112	L		Mauthausen			AT
2112	R		Enns-Mündung			AT
2095		Schleuse, Kraftwerk	Wallsee-Mitterkirchen			AT
2084			Dornach	A		AT
2079	L		Grein	A		AT
2070	R	Ruine	Freyenstein	A		AT
2060	R	Schleuse, Kraftwerk	Ybbs-Persenbeug	A	1	AT
	L	Schloss	Schloss Persenbeug		1	AT
2050	L		Marbach		1	AT
	L	Kirche	Wallfahrtskirche Maria Taferl		1	AT
2038		Schleuse, Kraftwerk	Melk		1	AT
2036	R	Kloster	**Melk**, Stift Melk		1	AT
2032	R	Schloss	Schloss Schönbühel		2	AT
2025	R	Ruine	Burg Aggstein		2	AT
2024	L	archäologische Fundstätte	Willendorf		2	AT
2019	L		Spitz		2	AT

A. Strudengau, Verengung des Donautals

1. Nibelungengau
2. Wachau

2019	L	Burg Hinterhaus		
2013	L	Weißenkirchen		
2009	L	**Dürnstein**	2	
	L	Richard-Löwenherz-Gefängnis		
2002	R	Stift Göttweig, 5 km südlich des Ufers		
	L	**Krems**		
	L	Gozzoburg, diverse Kirchen		
1980		Altenwörth	3	
1977	R	aufgegebenes Kernkraftwerk Zwentendorf		
1963	R	**Tulln**		
1949		Greifenstein		AT
1943	L	DDSG-Werft Korneuburg		
1939	R	Klosterneuburg		
1934		**Wien**		
	R	Donaukanal zur Innenstadt		
1932	R	Hochhaus Millennium Tower		
1929	L	UNO-City		
1928		Reichsbrücke		
1921		Wien-Freudenau		
1890	R	römische Siedlung Carnuntum		
1884	R	Hainburg	4	
	R	Burg auf dem Braunsberg		
1880	L	March- (Morava-)Mündung		
	L	Burg Devín (Theben)		SK-AT
1870	L	Burg von Bratislava		
1869	L	**Bratislava**		
1866	L	Abzweigung Kleine Donau/Malý Dunaj		
1853	R	(Schleuse und) Abzweigung Donau-Hauptstrom und Mosoni Duna		SK
		Danubiana Kunstmuseum		
1821		Gabčikovo	B	
	R	Schleuse im Gabčikovo-Kanal bei Kanal-km 10		
1811	L	Mündung des Gabčikovo-Kanals in den Hauptstrom		
1768	L	Komárno, Festung		
	R	Komárom, Festung		
1766	L	Mündung der Váh (Waag)		HU-SK
1719	L	Stúrovo		

B. Gabčikovo-Kanal, 38.5 km lang
2. Wachau
3. Tullner Becken
4. Nationalpark Donau-Auen

km	Ufer	Ort			
1719		Maria-Valeria-Brücke			
1718	R	**Esztergom**			
	R	Basilika von Esztergom			HU-SK
1708	L	Ipoly-Mündung			
1695	R	**Visegrád**			
	R	Abzweigung Szentendre-Donau			
1680	L	**Vác**		5	
1667	R	**Szentendre**			
1663	L	Kirche von Imre Makovecz in Göd	C		
1657	R	Südende der Szentendre-Insel			
1655	R	Römerstadt Aquincum			
1648	R	**Budapest**, Matthiaskirche			
	L	Parlamentsgebäude			
1647		Kettenbrücke			
1580	R	römisches Militärlager Intercisa			HU
1578	R	Industriestadt Dunaújváros			
1531	R	Paks			
1526	R	Atomkraftwerk Paks			
1516	L	**Kalocsa**, 5 km vom linken Ufer entfernt			
1499		Autobahnbrücke			
1497	R	Zufluss des Sió vom Balaton (Plattensee)			
1480		Eisenbahn- und Straßenbrücke	D		
1479	L	Baja, Hafen		6	
1447	R	**Mohács**, Hafen			
1433	R	Grenze Ungarn-Kroatien			
1425	R	Batina			
	R	Straßenbrücke Batina-Bezdan			
1401	L	Apatin			
	L	Bierbrauerei Jelen		7	
1383	R	Drava- (Drau-)Mündung			
1366		Straßen- und Eisenbahnbrücke			CR-RS
1333	R	Vukovar, Hafen			
	R	Wasserturm			
1299	R	Ilok			
	R	Franziskanerkloster auf dem Burgberg			
1298	L	Bačka Palanka		8	

C. Szentendre-Donau
D. Naturreservat Gemenc
5. Donauknie
6. Nationalpark Duna-Drava
7. Naturreservat Kopăcki Rit
8. Nationalpark Fruška Gora

1297			Straßenbrücke			8	RS
1255	L		Novi Sad			8	RS
1255	R	!	Festung Petrovaradin (Peterwardein)			8	RS
1246	R		Sremski Karlovci				RS
1232			Autobahnbrücke				RS
1214	L		Mündung der Tisa (Theiß)				RS
1173	R		Festung Zemun				RS
1170	R		Mündung der Save				RS
	R		Belgrad				RS
	R	!	Festung im Park Kalemegdan				RS
1167			Straßen- und Eisenbahnbrücke				RS
1116	R		Smederevo, Hafen				RS
	R	!	Festungsruine Smederevo				RS
1113			Pipeline-Brücke				RS
1112			Straßenbrücke				RS
1094	R		Kostolac und Römerlager Viminacium				RS
1077	R		osmanische Festung von Ram				RO-RS
1075	L		Mündung des Grenzflusses Nera				RO-RS
1059	R		Veliko Gradište, Hafen				RO-RS
1048	L		Moldova Veche, Hafen				RO-RS
1045			ungenutzte Brücke zur Insel Moldova Veche			9	RO-RS
1043	R		Golubac, Hafen			9	RO-RS
1041	L		Babakai-Felsen			9	RO-RS
	L		Festung Laszlo			9	RO-RS
1039	R		neuntürmige Festung Golubac		E	9	RO-RS
1018	L		Berzasca		E	9	RO-RS
1016	L		Drencova, einst Ende der Dampfschifffahrt		F	9	RO-RS
1011	R		Gedenktafeln röm. Kaiser, u. a. Tiberius		F	9	RO-RS
1004	R		steinzeitliche Siedlung Lepenski Vir		F	9	RO-RS
999	R		Felsvorsprung Greben		F	9	RO-RS
991	R		Donji Milanovac, Hafen		G	9	RO-RS
	L	!	Tri Cule, Wachtürme		G	9	RO-RS
970	L		Dubova	H	G	9	RO-RS
967	L		Mraconia-Kloster	I	G	9	RO-RS
	L	!	Decebal-Relief	I	G	9	RO-RS
965	R		Trajanstafel (Tabula Trajana)	I	G	9	RO-RS

E. Golubac-Klissura und Ljubkova-Becken
F. Obere Klissura, einst Kataraktenstrecke
G. Untere Klissura, einst Kataraktenstrecke
H. Oberer Kazan, enge Flussstrecke
I. Unterer Kazan, enge Flussstrecke
9. Đerdap-Nationalpark

956	R	Tekija		
954	L	Orşova, Hafen	9	RO-RS
	L	St. Ana		
953	L	Werft		
943		Đerdap 1	J	
934	R	Kladovo, Hafen		
931	L	Drobeta-Turnu Severin, Hafen		
929	L	Reste der Römerbrücke		
863		Đerdap 2		
846	R	Mündung des Flusses Timok		
796		Donaubrücke 2 (Calafat–Vidin), für Straße und Eisenbahn		RO-BG
795	L	Calafat		
790	R	Vidin, Hafen		
	R	Festung Vidin		
743	R	Lom		
700	R	Kozloduj		
	R	Christo-Botev-Denkmal		
636	R	Iskar-Mündung		
630	L	Corabia, Zuckerfabrik		
608	R	Somovit, Hafen		
597	R	Nikopol, Hafen	K	
	L	Turnu Măgurele, chem. Industrie		
554	R	Svištov, südlichster Donaupunkt		
537	R	Jantra-Mündung		
495	R	Russe, wichtigster Donauhafen Bulgariens		
493	L	Giurgiu, Hafen		
489		Freundschaftsbrücke, für Straße und Eisenbahn		
430	L	Olteniţa, Hafen		
	L	Werften, Industrie		
385	R	Biosphärenreservat Srebarna		
376	R	Silistra, Hafen	L	
371	L	Abzweigung des 100 km langen Braţul Borcea		RO
300		histor. Eisenbahn- und Straßenbrücke bis Feteşti		
	R	Cernavodă		
	R	Abzweigung Donau-Schwarzmeer-Kanal (Canalul Dunărea-Marea Neagră)		

J. Eisernes Tor
K. Insel Belene, einst berüchtigtes Gefängnis

L. Insel Balta Ialomiţei
9. Đerdap-Nationalpark

261	R		orthodoxe Kirche von Ghindareşti		RO
253	R		Hârşova	L	
248	L		Einmündung Braţul Borcea		
239	L		Giurgeni		
			Straßenbrücke		
236	R		Abzweigung des Donauarms Braţul Măcin	M	
170	L		Brăila		
	R		Einmündung des Braţul Măcin		
155	L		Mündung des Siret (Sereth)		
150	L		Galaţi, Hafen		
	L		größter Donauhafen für Seeschiffe		
134	L		Mündung des Prut (Pruth)		RO-MD
133	L		Moldauisch-ukrainische Grenze		
128	L		Reni, Erdölhafen		RO-UA
103	R		Isaccea		
80	L		Abzweigung des 120 km langen Chilia-Arms der Donau = rumänisch-ukrainische Grenze	10	
71	R		Tulcea		RO
63	R		Abzweigung des Braţul Sfântu Gheorghe (St.-Georgs-Arm)		
0	R		Sulina		
	L		Leuchtturm		

L. Insel Balta Ialomiţei
M. Insel Balta Brăilei

10. Donaudelta-Nationalpark

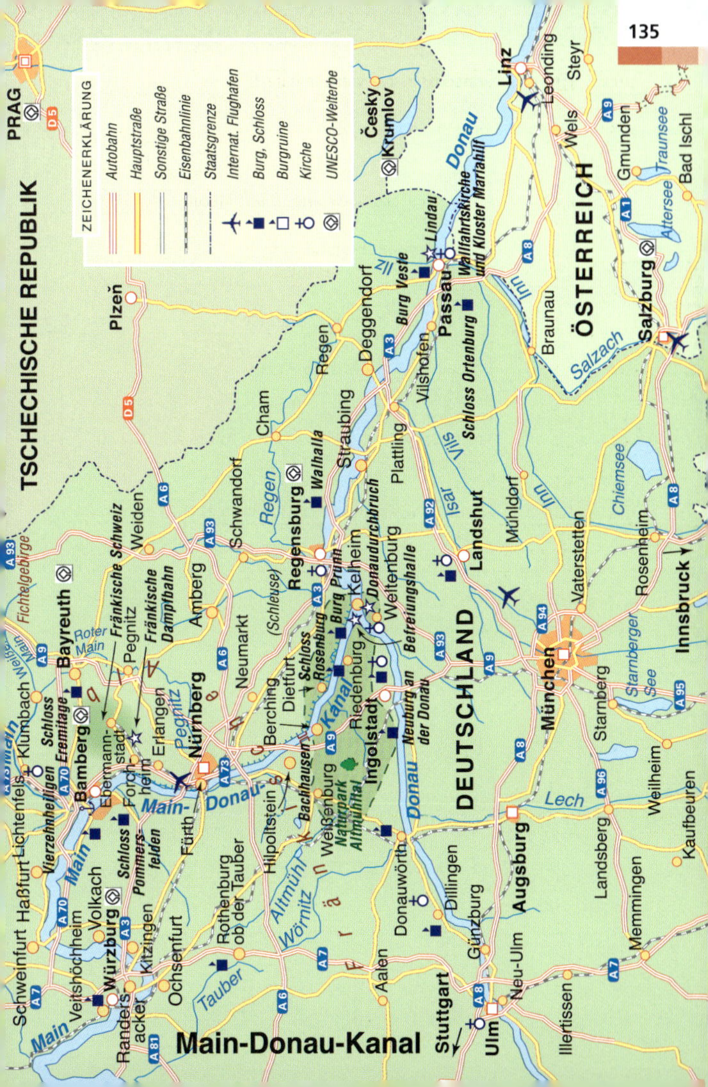

Main-Donau-Kanal

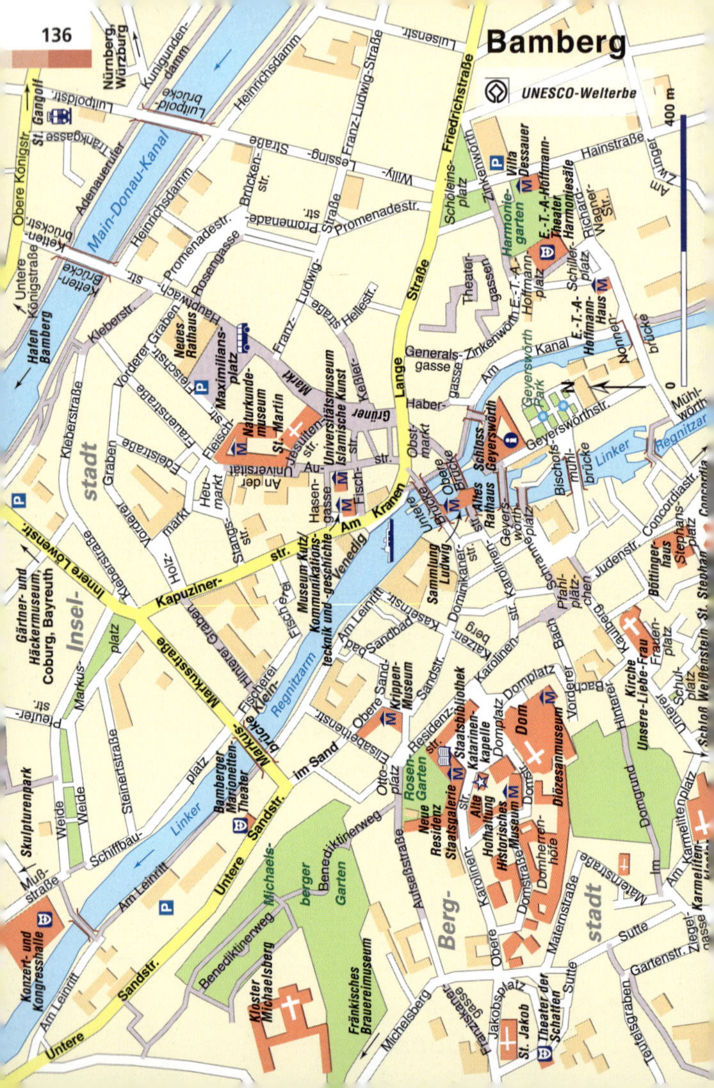
Bamberg
UNESCO-Welterbe
400 m
0
N
Nürnberg, Würzburg
Kunigundendamm
Luitpoldbrücke
Luitpoldstr.
St. Gangolf
Obere Königstr.
Heinrichsdamm
Franz-Ludwig-Straße
Luisenstr.
Friedrichstraße
Lessing-Straße
Willy-
Main-Donau-Kanal
Adenauerufer
Brückenstr.
Promenadestr.
Promenadestr.
Straße
Kettenbrückstr.
Kettenbrücke
Untere Königstraße
Hafen Bamberg
Rosengasse
Hauptwach-str.
Kleberstr.
Neues Rathaus
Maximiliansplatz
Markt
Franz-Ludwig-Straße
Hellerstr.
Lange Straße
Grüner Markt
Keßler-
Universitätsmuseum Islamische Kunst
Naturkundemuseum
St. Martin
Jesuitenstr.
Fleischstr.
Vorderer Graben
Frauenstraße
Edelstraße
Kleberstraße
Inselstadt
Graben
An der Universität
Au-
Heumarkt
Holzmarkt
Stangsstr.
Hasengasse
Fischstr.
Am Kranen
Kapuzinerstr.
Innere Löwenstr.
Gärtner- und Häckermuseum, Coburg, Bayreuth
Markusplatz
Markusstraße
Hinterer Graben
Fischerei
Museum Kutz/ Kommunikationstechnik und -geschichte
Venedig
Regnitzarm
Klein-Venedig
Markusbrücke
Pfeuferstr.
Steinertstraße
Weide
Schiffbau-
Skulpturenpark
Mußstraße
Konzert- und Kongresshalle
Am Leinritt
Linker Regnitzarm
Bamberger Marionetten-Theater
Untere Sandstr.
Michaelsberger Garten
Benediktinerweg
Kloster Michaelsberg
Fränkisches Brauereimuseum
Michelsberg
Am Sand
Obere Sandstr.
Krippen-Museum
Elisabethenstr.
Otto-platz
Rosen-Garten
Neue Residenz Staatsgalerie
Staatsbibliothek
Katarinenkapelle
Alte Hofhaltung
Historisches Museum
Dom
Domplatz
Diözesanmuseum
Domherrenhöfe
Domstraße
Karolinenstr.
Aufseßstraße
Bergstadt
Obere Karolinenstr.
Sandstr.
Residenzstr.
Sandbad
Kasernstr.
Katzenberg
Dominikanerstr.
Sammlung Ludwig
Untere Brücke
Obere Brücke
Altes Rathaus
Obstmarkt
Habergasse
Generalsgasse
Zinkenwörth
Theatergassen
Schönleinsplatz
Harmoniegarten
Villa Dessauer
E.-T.-A.-Hoffmann-Theater
Harmoniesäle
E.-T.-A.-Hoffmann-platz
Schillerplatz
E.-T.-A.-Hoffmann-Haus
Richard-Wagner-Str.
Hainstraße
Am Zwinger
Am Kanal
Geyerswörth Park
Geyerswörthstr.
Schloss Geyerswörth
Nonnenbrücke
Mühlwörth
Linker Regnitzarm
Bischofsmühlbrücke
Geyerswörthplatz
Schranne
Pfahlplätzchen
Judenstr.
Concordiastr.
Böttingerhaus
Stephansplatz
St. Stephan
Kaulberg
Kirche Unsere-Liebe-Frau
Frauenplatz
Vorderer Bach
Hinterer Bach
Schulplatz
Unterer Kaulberg
Schloß Weißenstein
Dongrund
Im Dongrund
Karmelitenplatz
Am Karmelitenplatz
Matemstraße
Sutte
Gartenstr.
Ziegelgasse
Teufelsgraben
Jakobsplatz
St. Jakob
Theater der Schatten
Franziskanergasse

Nürnberg
N
0
120 m
Flughafen Nürnberg
Tiergärtnertor
Vestnertorgraben
Kaiserburg
Walpurgiskapelle
U. Söldnersg.
Sinwellturm
Heidenturm
Kaiserkapelle
Am Ölberg
Tiergärtnerturm
Universität Erlangen-Nürnberg
Sieben Zeilen
Hirsvogelsaal
Tucherschloss
Weberspl.
Neutorgraben
Neutormauer
Dürer-Haus
Albrecht-Dürer-Str.
Ob. Krämersg.
Schildgasse
Stöpselg.
Egidienpl.
Egidienkirche
Laufer Schlagturm
Äußere Laufer G.
Museum Industriekultur
Neutorturm
Stadtmuseum Fembohaus
Burgstraße
Theresienplatz
Albrecht-Dürer-Pl.
Lammsg.
Theresienstr.
Innere Laufer G.
Irrerstraße
Sebalduskirche
Fünferpl.
Binderg.
Judengasse
Hallertor
Geiersberg
Weißgerberg.
Altes Rathaus
Platnersgasse
Heug.
Treu-Straße
Rotschmiedsg.
U. Talg.
Grübelstr.
Spielzeugmuseum
Karlstr.
Winklerstr.
Schulg.
Rathausplatz
Obsmarkt
Martin-
Maxpl.
Neues Rathaus
Augustinerstr.
Waag-g.
Tucherstraße
Schlayerturm
Nägeleinspl.
Kettensteg
Weintraubeng.
Schöner Brunnen
Hauptmarkt
Frauenkirche
Sacharow-Pl.
Neue Gasse
Hans-Sachsg.
Maxbrücke
Spitalg.
Hans-Sachs-Platz
Leo-Katzenberger-Weg
Hoher Steg
Hintere Insel Schütt
Henkerhaus
Trödelmarkt
Zw. d. Fleischb.
Henkersteg
Karlsbrücke
Nürnburger Stadtstrand, Sommer in der City
Schütt
Unschlittpl.
Pegnitz
Fleischbrücke
Museumsbrücke
Heilig-Geist-Spital
Spitalbr.
Heubr.
Steubenbrücke
Ob. Wörthstr.
Pfarrgasse
Kaiserstraße
Findelgasse
Bergauerpl.
St. Katharina
CINECITTÀ
Gewerbemuseum
Ledergasse
Josephsplatz
Adlerstraße
Bankg.
Pfarrg.
Stadtbibliothek
Vordere Lederg.
Weißer Turm
Nassauer Haus
Lorenzkirche
P.-Vischer-Str.
Katharineng.
Rosa-Luxemburg-Platz
Naturhistorisches Museum
Karolinenstraße
Ludwigsplatz
Hefnersplatz
Lorenzer Platz
Franz-Josef-Strauß-Brücke
Lorenzkirche
Blumenstraße
Weißer Turm
Brunnengasse
Heideng.
Wolleng.
Lorenzer Str.
Marientormauer
Marienforgr.
St. Elisabeth
Breite Gasse
KunstVilla im KunstKulturQuartier
St. Jakob
Fraueng.
Pfannenschmiedsg.
Königstraße
Theaterg.
Kunsthalle
Marientor
Johannesg.
Schumacher-Str.
Königstormauer
Königstorgraben
Färberstr.
Jacobstr.
Kornmarkt
Hallplatz
Peuntgasse
Gleissbühlstr.
Klaragasse
St. Klara
St. Martha
Germanisches Nationalmuseum
Kartäuserg.
Luitpoldstr.
Frauentorturm
Filmhaus, Kunsthaus
Kolpinggasse
Karthäuserkirche
Klarissenpl.
Königstor
Dokumentationszentrum
Färbertor
Frauentormauer
Kartäusertor
Grasersg.
Vord. Sterng.
Neues Museum
Bahnhof Straße
Sterntor
Frauentormauer
Handwerkerhof
Frauentorgraben
Bahnhofsplatz
Meistersingerhalle
Memorium Nürnberger Prozesse, Justizpalast, Spittlertorturm
Opernhaus
Frauentorgraben
Hauptbahnhof
Weidenkellerstr.
Lessingstr.
R.-Wagner-Platz
Tafelhofstr.
Bahnhofsplatz
Hauptbahnhof
DB Museum
Staatstheater
Museum für Kommunikation
Eilgutstraße
Celtis-Unterführung
Zeltnerstr.
Sandstraße

Regensburg
UNESCO-Welterbe
Donau
Altstadt
Steinerne Brücke
Eiserne Brücke
Eiserner Steg
Museum der Bayerischen Landesgeschichte (2018)
Donau-Schifffahrts-Museum
St. Katharinenspital, Walhalla
Brückturm
Wurstkuchl
Salzstadel
Domschatzmuseum
Bischofshof
Porta Praetoria
Kreuzgang
St. Johann-Kirche
Dom St. Peter
Domplatz
Niedermünster
Museum St. Ulrich
Römerturm
Alter Kornmarkt
Alte Kapelle
Karmelitenkloster St. Josef
Minoritenkirche
Historisches Museum
Städtische Galerie im Leeren Beutel
Rathaus
Galeria Kaufhof
Neupfarrplatz
Neupfarrkirche
St. Kassian-Kirche
Kohlenmarkt
Altes Rathaus
Reichstagsmuseum
Kepler-Gedächtnishaus
Fischmarkt
Haidplatz
Justitiabrunnen
Zum Goldenen Kreuz
Hinter der Grieb
Schnupftabakfabrik
Dreieinigkeitskirche
Dominikanerkirche
Theater Regensburg
St. Jakobskirche
Kunstforum Ostdeutsche Galerie (KOG)
Stadtpark
Dörnbergpark
Museum Obermünster
Obermünsterplatz
Jesuitenplatz
St. Emmeram
Schloss Thurn und Taxis – St. Emmeram
Marstallmuseum
Emmeramsplatz
Ägidienkirche
Ägidienplatz
St. Oswald-Kirche
Am Weinmarkt
Keplerstraße
Weinlände
Thundorferstr.
Goldene-Bären-Straße
Weiße-Lamm-Gasse
Am Wiedfang
Fürst-Anselm-Alle
Martin-Luther-Straße
Maximilianstraße
Königsstraße
Fröhliche-Türken-Straße
Weiße-Lilien-Straße
St. Peters-Weg
An der Hülling
Obermünsterstraße
Malergasse
Pfarrergasse
Obere Bachgasse
Untere Bachgasse
Wahlenstraße
Tändlergasse
Residenzstraße
Goliathstraße
Watmarkt
Kramgasse
Glockengasse
Gesandtenstraße
Rote-Hahnen-Gasse
Am Römling
Engelburgergasse
Ludwigstraße
Weißgerbergraben
Neuhausstraße
Jakobsstraße
Kreuzgasse
Wollwirkergasse
Fidelgasse
Winklergasse
Schottenstraße
Beraiterweg
Bismarckplatz
Arnulfsplatz
Wiesmeierweg
Kumpfmühler Straße
Von-der-Tann-Straße
Minoritenweg
Dachauplatz
Ostengasse
Donaumarkt
Hunnenplatz
Trothengasse
Kalmünzergasse
Adolph-Kolping-Straße
Pfluggasse
Speichergasse
Kapellengasse
Altdorferplatz
Salzburger Gasse
Pfauengasse
Drei-Helm-Gasse
St. Kassiansplatz
Schwarze-Bären-Str.
Drei-Kronen-Gasse
Am Brixener Hof
Luzengasse
Grasgasse
Fuchsengang
Viereimergasse
Strauß-Gässchen
Augustinerplatz
Steckgasse
Alte Manggasse
Auergasse
Deischgasse
Spiegelgasse
Gutenbergplatz
Dänzergasse
Silberne-Fisch-Gasse
Predigergasse
Albertus-Magnus-Platz
Adlergasse
Waffnergasse
Ernst-Reuter-
300 m
N

Passau
Donau
Inn
Ilz
Innstadt
Anger
Rosenau
Dobl
Staatberg
Sturmberg
Eggendobl
200 m
0
N
Veste Oberhaus
Jugendherberge
Polizei
Wasserburg Veste Niederhaus
Museum Moderner Kunst Wörlen
Anleger Lindau
Ortspitze
Lukas-Kern-Waisenhaus
Kloster Niedernburg
Gymn. Leopoldinum
Jesuitenkirche
Hauptzollamt
Altes Rathaus
Neues Rathaus
Glasmuseum
Bischöfliche Residenz
Dom-hof
Stephansdom
Barbara-kapelle
Landgericht
Stadttheater
Landratsamt
St. Paul-Kirche
Lamberg-palais
Seminarkirche
St. Johannes-Kirche
St. Math.-Kirche
Europa-bücherei
St. Nikola-Schule
Handwerkskammer
Finanzamt
Heilig-Geist-Kirche
Votivkirche
Nibelungenhalle
ABR
St. Nikola-Kirche
Universität
Universitätsbibliothek
Altkatholische Kirche
Römermuseum Kastell Boiotro
St. Severins-Kirche
St. Gertraud-Kirche
Landbauamt
Paulinerkloster Mariahilf
St. Bartholomäus-Kirche
Friedhof
Haus der Jugend
Marienbrücke
Luitpoldbrücke
Schanzlbrücke
Ilzbrücke
Neue Ilzbrücke
Angerstraße
B 12
Obernzeller Straße
Freyunger Str.
Halser Str.
Ferdinand-Wagner-Str.
Rennweg
Ludwigsteig
Gampersteig
Leite
Oberhauser
Parkstr.
Eggendobl
Am Schanzl
Bahnhofstraße
Ludwigspl.
Zwinger
Nikolastr.
Gottfried-Schäffer-Str.
Fritz-Schäffer-Promenade
Innkai
Römerpl.
Fischmarkt
Milchgasse
Michaeligasse
Jesuitengasse
Steiningergasse
Residenzpl.
Domplatz
Zengergasse
Messergasse
Höllgasse
Pfaffengasse
Nußbaumgasse
Schlossergasse
Luragogasse
Rindermarkt
Heuwinkel
Nagelschmiedgasse
Grabengasse
Rosengasse
Theresienstr.
Hennengasse
Ob. Sand
Unt. Sand
Carlonegasse
Klingergasse
Brunngasse
Frauengasse
Obere Donaulände
Untere Donaulände
Heuwieserstr.
Kleiner Exerzierpl.
Augustinergasse
Kapuzinerstraße
Kapuzinerpl.
Schmiedgasse
Römerstraße
Neutorgraben
Mariahilfstr.
Löwengrube
Schiffmühlgäßchen
Innstadtbahnhofsweg
Bieringergäßchen
Fischergäßchen
Lenckweg
Linzer Straße
Innstadtkellerweg
Wallfahrtsstiege
Jahnstr.
Jahnstraße
O.-Geyer-Str.
Fuchsengaßl
Ledererstraße
Sterkgäßchen
Am Severinstor
Fünferlsteg
Dr.-Hans-Kapfinger-Str.
Franz-Stockbauer-Weg
Gunaustraße
Löwenmühlstr.
Am Goldenen Stg.
Kirchpl.
Pandurenweg

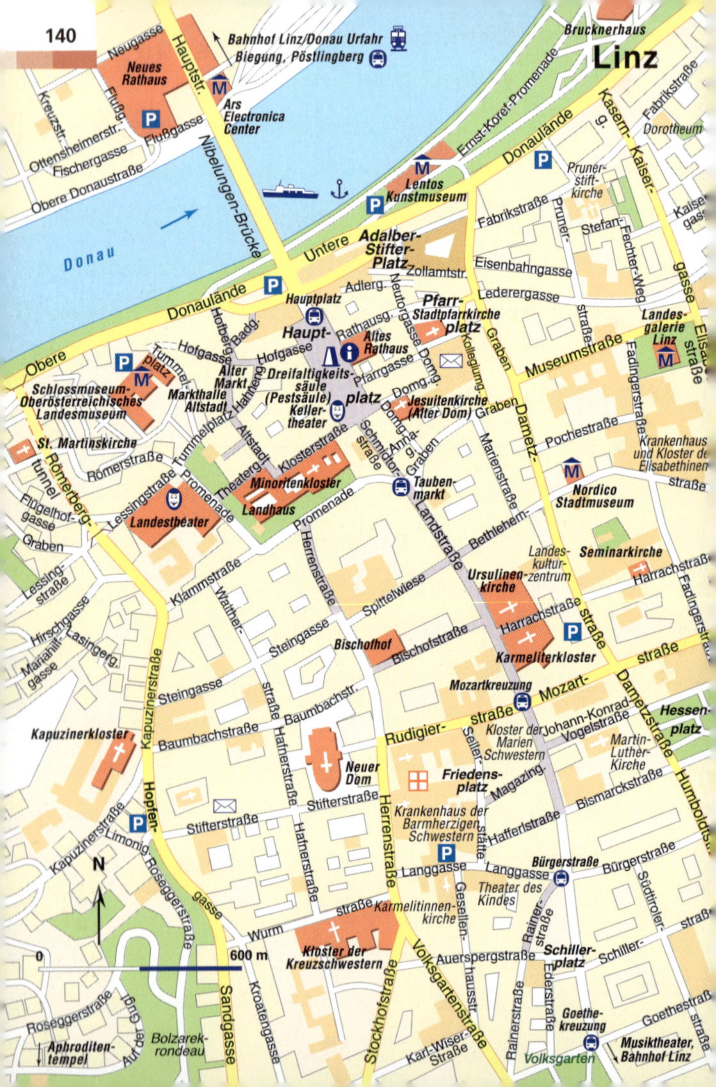
Linz
Bahnhof Linz/Donau Urfahr
Biegung, Pöstlingberg
Brucknerhaus
Neugasse
Neues Rathaus
Hauptstr.
Ars Electronica Center
Kreuzstr.
Flußg.
Ottensheimerstr.
Flußgasse
Fischergasse
Obere Donaustraße
Nibelungen-Brücke
Donau
Ernst-Koref-Promenade
Donaulände
Fabrikstraße
Dorotheum
Kasern-g.
Kaiser-gasse
Pruner-stift-kirche
Lentos Kunstmuseum
Fabrikstraße
Pruner-straße
Stefan-Fechter-Weg
Untere
Adalbert-Stifter-Platz
Zollamtstr.
Eisenbahngasse
Lederergasse
Donaulände
Adlerg.
Hauptplatz
Neutorgasse
Pfarr-platz
Stadtpfarrkirche
Landes-galerie Linz
Elisabethstraße
Hofberg
Badg.
Rathausg.
Haupt-platz
Altes Rathaus
Domg.
Kollegiumg.
Graben
Museumstraße
Obere
Hofgasse
Hofgasse
Tummel-platz
Alter Markt
Hahneng.
Dreifaltigkeits-säule (Pestsäule)
Pfarrgasse
Domg.
Schlossmuseum-Oberösterreichisches Landesmuseum
Markthalle Altstadt
Keller-theater
platz
Jesuitenkirche (Alter Dom)
Graben
Dametz-
Fadingerstraße
Pochestraße
Krankenhaus und Kloster der Elisabethinen
St. Martinskirche
Tummelplatz
Altstadt
Klosterstraße
Schmidtor-straße
Anna-g.
Graben
Marienstraße
Römerstraße
Römerberg-tunnel
Theaterg.
Minoritenkloster
Tauben-markt
Nordico Stadtmuseum
straße
Flügelhof-gasse
Lessingstraße
Promenade
Landestheater
Landhaus
Promenade
Landstraße
Bethlehem-
Graben
Landes-kultur-zentrum
Seminarkirche
Lessing-straße
Klammstraße
Herrenstraße
Ursulinen-kirche
Harrachstraße
Walther-
Spittelwiese
Harrachstraße
Fadingerstraße
Hirschgasse
Lasingerg.
Steingasse
Bischofhof
Bischofstraße
Karmeliterkloster
straße
Mariahilf-gasse
Kapuzinerstraße
Steingasse
Hafnerstraße
Baumbachstr.
Mozartkreuzung
Mozart-
straße
Dametzstraße
Hessen-platz
Kapuzinerkloster
Baumbachstraße
Rudigier-
Kloster der Marien Schwestern
Johann-Konrad-Vogelstraße
Martin-Luther-Kirche
Neuer Dom
Seiler-
Friedens-platz
Magazing.
Bismarckstraße
Humboldtstr.
Kapuzinerstraße
Stifterstraße
Stifterstraße
Krankenhaus der Barmherzigen Schwestern
Stätte
Hafferlstraße
Limonig.
Hopfen-
Hafnerstraße
Herrenstraße
Langgasse
Langgasse
Bürgerstraße
Bürgerstraße
Roseggerstraße
gasse
N
Theater des Kindes
Südtiroler-
Wurm
straße
Karmelitinnen-kirche
Rainer-straße
Gesellen-hausstr.
straße
0
600 m
Kloster der Kreuzschwestern
Schiller-platz
Schiller-
Auerspergstraße
Volksgartenstraße
Ederstraße
Roseggerstraße
Auf der Gugl
Sandgasse
Kroatengasse
Stockhofstraße
Rainerstraße
Goethe-kreuzung
Goethestraße
straße
Aphroditen-tempel
Bolzarek-rondeau
Karl-Wiser-Straße
Volksgarten
Musiktheater, Bahnhof Linz

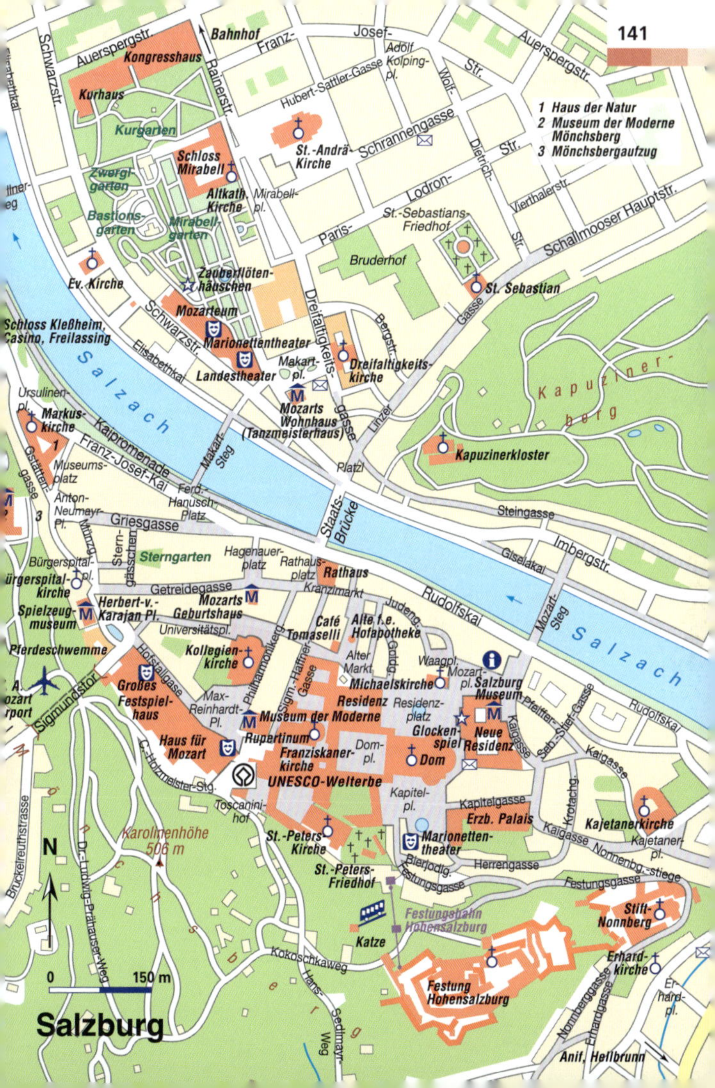
Salzburg
1 Haus der Natur
2 Museum der Moderne Mönchsberg
3 Mönchsbergaufzug
Bahnhof
Kongresshaus
Kurhaus
Kurgarten
Schloss Mirabell
Altkath. Kirche
Mirabell-pl.
Zwerglgarten
Bastionsgarten
Mirabellgarten
Ev. Kirche
Zauberflötenhäuschen
Mozarteum
Marionettentheater
Landestheater
Makartpl.
Mozarts Wohnhaus (Tanzmeisterhaus)
Dreifaltigkeitskirche
St.-Andrä-Kirche
St.-Sebastians-Friedhof
Bruderhof
St. Sebastian
Kapuzinerberg
Kapuzinerkloster
Schloss Kleßheim, Casino, Freilassing
Salzach
Markuskirche
Ursulinenpl.
Museumsplatz
Anton-Neumayr-Pl.
Ferd.-Hanusch-Platz
Staatsbrücke
Platzl
Steingasse
Imbergstr.
Giselakai
Rudolfskai
Griesgasse
Sterngarten
Hagenauerplatz
Rathausplatz
Rathaus
Kranzlmarkt
Getreidegasse
Mozarts Geburtshaus
Bürgerspitalpl.
Bürgerspitalkirche
Spielzeugmuseum
Herbert-v.-Karajan Pl.
Universitätspl.
Café Tomaselli
Alte f.e. Hofapotheke
Alter Markt
Pferdeschwemme
Kollegienkirche
Großes Festspielhaus
Haus für Mozart
Max-Reinhardt-Pl.
Museum der Moderne
Rupertinum
Michaelskirche
Residenz
Residenzplatz
Waagpl.
Mozartpl.
Salzburg Museum
Glockenspiel
Neue Residenz
Franziskanerkirche
Dompl.
Dom
UNESCO-Welterbe
Kapitelpl.
Kapitelgasse
Erzb. Palais
Kajetanerkirche
Kajetanerpl.
Toscaninihof
St.-Peters-Kirche
St.-Peters-Friedhof
Marionettentheater
Herrengasse
Festungsgasse
Festungsbahn Hohensalzburg
Katze
Festung Hohensalzburg
Stift Nonnberg
Erhardkirche
Erhardpl.
Nonnbergasse
Anif, Hellbrunn
Karolinenhöhe 506 m
Mönchsberg
Kokoschkaweg
Hans-Sedlmayr-Weg
Dr.-Ludwig-Prähauser-Weg
Bucklreuthstrasse
Sigmundstor
Hofstallgasse
C.-Holzmeister-Stg.
Schwarzstr.
Auerspergstr.
Rainerstr.
Franz-Josef-Str.
Hubert-Sattler-Gasse
Adolf Kolping-pl.
Schrannengasse
Wolf-Dietrich-Str.
Paris-Lodron-Str.
Vierthalerstr.
Schallmooser Hauptstr.
Dreifaltigkeitsgasse
Bergstr.
Linzer Gasse
Elisabethkai
Kaipromenade
Franz-Josef-Kai
Makartsteg
Mozartsteg
Gstättengasse
Münzg.
Sterngässchen
Judeng.
Goldg.
Sigm.-Haffner-Gasse
Philharmonikerg.
Kaigasse
Pfeifferg.
Krotachg.
Sebastian-Stief-Gasse
Nonnbg.-stiege
Bierjodlg.
N
0
150 m

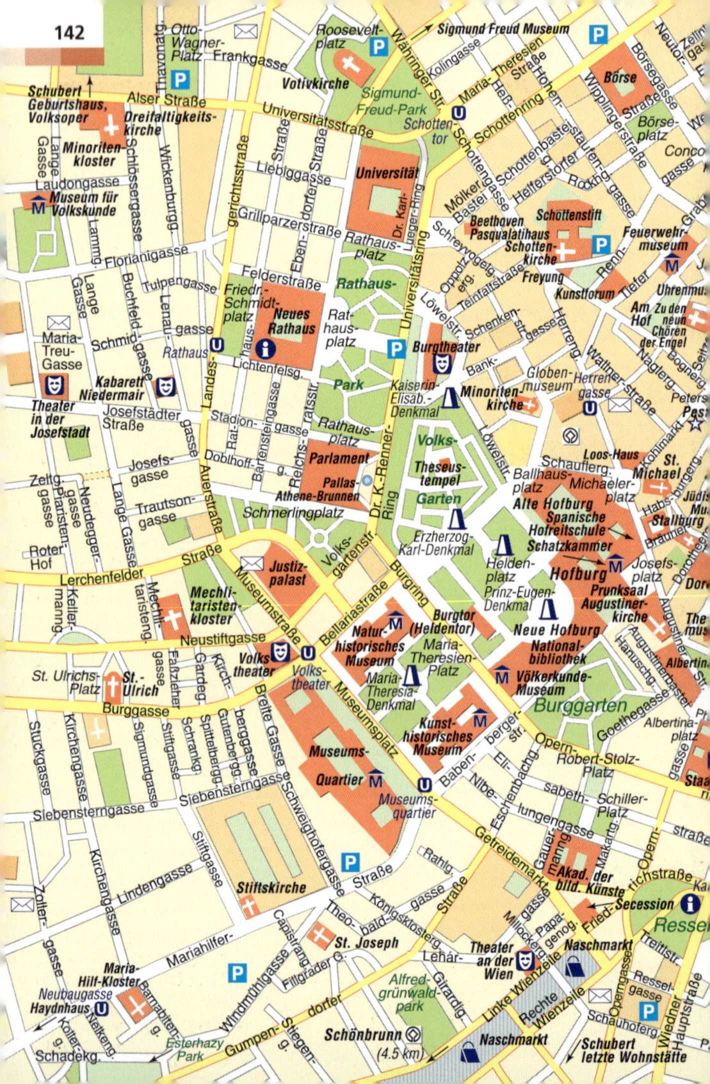

Otto-Wagner-Platz
Frankgasse
Roosevelt-platz
Votivkirche
Sigmund-Freud-Park
Sigmund Freud Museum
Kolingasse
Maria-Theresien-Straße
Börse
Börsegasse
Wipplingerstraße
Börse-platz
Concordia-gasse
Neutor-
Schubert Geburtshaus, Volksoper
Alser Straße
Dreifaltigkeits-kirche
Universitätsstraße
Schotten-tor
Schottenring
Währinger Str.
Minoriten-kloster
Lange Gasse
Laudongasse
Schlössergasse
Wickenburgg.
Landesgerichtsstraße
Liebiggasse
Universität
Dr.-Karl-Lueger-Ring
Schottengasse
Mölker Bastei
Schottenbastei
Helferstorfer
Hohenstaufeng.
Rockhg. gasse
Museum für Volkskunde
Lammg.
Grillparzerstraße
Rathaus-platz
Ebendorfer Straße
Beethoven Pasqualatihaus
Schottenstift
Schotten-kirche
Feuerwehr-museum
Schreyvogelg.
Oppolzerg.
Teinfaltstraße
Freyung
Renng.
Tiefer Graben
Florianigasse
Lange Gasse
Buchfeldgasse
Tulpengasse
Friedr.-Schmidt-platz
Felderstraße
Rathaus-park
Neues Rathaus
Rathaus-platz
Kunstforum
Am Hof
Uhrenmus.
Zu den neun Chören der Engel
Löwelstr.
Schenkenstr.
Herreng.
Maria-Treu-Gasse
Schmidgasse
Lenaugasse
Rathaus
Rathausstr.
Lichtenfelsg.
Burgtheater
Bankg.
Globen-museum
Herrengasse
Wallnerstraße
Naglerg.
Bognerg.
Kabarett Niedermair
Theater in der Josefstadt
Josefstädter Straße
Stadiongasse
Bartensteingasse
Reichsratsstr.
Rathaus-platz
Universitätsring
Kaiserin-Elisab.-Denkmal
Minoriten-kirche
Peters-
Pest
Volks-
Theseus-tempel
Garten
Loos-Haus
Kohlmarkt
St. Michael
Schauflerg.
Josefsgasse
Doblhoffg.
Parlament
Pallas-Athene-Brunnen
Ballhaus-platz
Michaeler-platz
Habsburgerg.
Alte Hofburg
Spanische Hofreitschule
Schatzkammer
Stallburg
Bräunerstr.
Jüdis. Mu.
Zeltg.
Piaristengasse
Neudeggergasse
Trautsongasse
Auerstraße
Schmerlingplatz
Dr.-K.-Renner-Ring
Erzherzog-Karl-Denkmal
Heldenplatz
Hofburg
Josefs-platz
Dorotheerg.
Doro
Roter Hof
Lerchenfelder Straße
Justiz-palast
Volksgartenstr.
Burgring
Prinz-Eugen-Denkmal
Prunksaal
Augustiner-kirche
Keller-mann g.
Mechitaristengasse
Mechi-taristen-kloster
Museumstraße
Bellariastraße
Natur-historisches Museum
Burgtor (Heldentor)
Neue Hofburg
National-bibliothek
Augustinerstr.
The mus.
Neustiftgasse
Volkstheater
Maria-Theresien-Platz
Völkerkunde-Museum
Hanuschg.
Augustinerbastei
Albertina
St. Ulrichs-Platz
St. Ulrich
Fassziehergasse
Gardeg.
Kirchberggasse
Breite Gasse
Museumsplatz
Maria-Theresia-Denkmal
Burggarten
Burggasse
Stuckgasse
Kirchengasse
Sigmundgasse
Stiftgasse
Schrankg.
Spittelbergg.
Gutenbergg.
Museums-Quartier
Kunst-historisches Museum
Babenbergerstr.
Goethegasse
Albertina-platz
Opern-
Robert-Stolz-Platz
Staa
Siebensterngasse
Schweighofergasse
Museums-quartier
Nibelungengasse
Elisabethstr.
Eschenbachg.
Schiller-Platz
Makartg.
Opern-
Zollergasse
Lindengasse
Stiftgasse
Stiftskirche
Straße
Rahlg.
Getreidemarkt
Gauermanng.
Akad. der bild. Künste
Friedrichstraße
Secession
Ressel
Mariahilfer-
Theobaldgasse
Königsklostergasse
Capistrang.
St. Joseph
Fillgrader G.
Lehár-
Theater an der Wien
Millöckergasse
Papagenog.
Naschmarkt
Treitlstr.
Maria-Hilf-Kloster
Neubaugasse
Haydnhaus
Barnabiteng.
Windmühlgasse
Alfred-grünwald-park
Girardig.
Linke Wienzeile
Rechte Wienzeile
Operngasse
Resselgasse
Wiedner Hauptstraße
Kollerg.
Neitzeng.
Schadekg.
Esterhazy Park
Gumpendorfer
Stiegeng.
Schönbrunn (4.5 km)
Naschmarkt
Schaufoferg.
Schubert letzte Wohnstätte

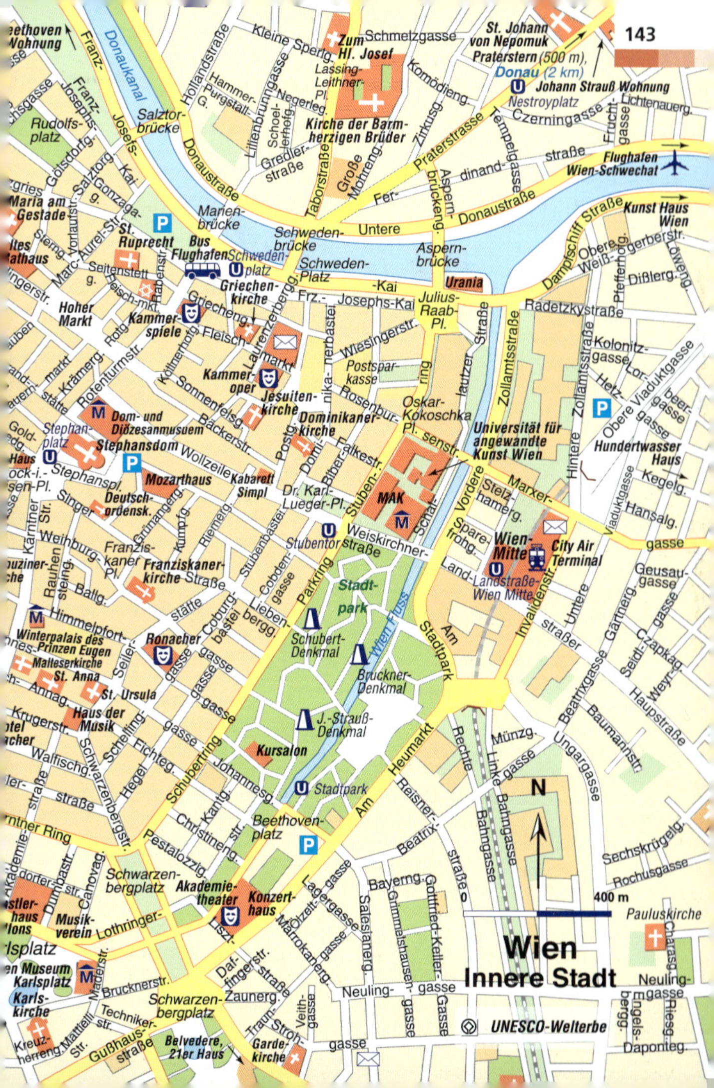
Wien
Innere Stadt
UNESCO-Welterbe
N
0
400 m
St. Johann von Nepomuk
Praterstern (500 m),
Donau (2 km)
Johann Strauß Wohnung
Nestroyplatz
Flughafen Wien-Schwechat
Kunst Haus Wien
Zum Hl. Josef
Kirche der Barmherzigen Brüder
Schmelzgasse
Kleine Sperlg.
Komödieng.
Czerningasse
Lichtenauerg.
Fruchtgasse
Tempelgasse
Praterstrasse
Ferdinandstraße
Große Mohreng.
Taborstraße
Zirkusg.
Aspernbrückeng.
Donaustraße
Untere Donaustraße
Lassingleithner-Pl.
Hammer-Purgstall-G.
Negerleg.
Schoellerhofg.
Lilienbrunngasse
Gredlerstraße
Hollandstraße
Donaukanal
Salztorbrücke
Marienbrücke
Schwedenbrücke
Schwedenplatz
Schweden-Platz
Aspernbrücke
Urania
Julius-Raab-Pl.
Franz-Josephs-Kai
Frz.-Josephs-Kai
Dampfschiffstraße
Obere Weißgerberstr.
Pfefferhofg.
Dißlerg.
Löweng.
Radetzkystraße
Kolonitzgasse
Lorbeergasse
Hetzg.
Obere Viaduktgasse
Zollamtsstraße
Hintere Zollamtsstraße
Hundertwasser Haus
Kegelg.
Hansalg.
Viaduktgasse
Universität für angewandte Kunst Wien
Oskar-Kokoschka-Pl.
Marxergasse
Beethoven Wohnung
Rudolfsplatz
Salzgries
Maria am Gestade
Altes Rathaus
St. Ruprecht
Bus Flughafen
Griechenkirche
Griechenq.
Fleischmarkt
Kammerspiele
Hoher Markt
Rotenturmstr.
Kammeroper
Jesuitenkirche
Dominikanerkirche
Postsparkasse
Wiesingerstr.
Rosenbursenstr.
Dom- und Diözesanmuseum
Stephansplatz
Stephansdom
Stephanspl.
Wollzeile
Bäckerstr.
Sonnenfelsg.
Kabarett Simpl
Mozarthaus
Deutschordensk.
Singerstr.
Grünangerg.
Kumpfg.
Riemerg.
Dr. Karl-Lueger-Pl.
Stubenbastei
Stubenring
Stubentor
MAK
Weiskirchnerstraße
Steizhamerg.
Vordere Zollamtsstr.
Wien-Mitte
City Air Terminal
Landstraße-Wien Mitte
Invalidenstr.
Untere Viaduktg.
Geusaugasse
Franziskanerkirche
Franziskanerpl.
Weihburg.
Kärntner Str.
Rauhensteing.
Ballg.
Himmelpfortg.
Winterpalais des Prinzen Eugen
Malteserkirche
St. Anna
St. Ursula
Annag.
Krugerstr.
Haus der Musik
Ronacher
Seilerstätte
Coburgbastei
Cobdengasse
Liebenbergg.
Parkring
Stadtpark
Schubert-Denkmal
Bruckner-Denkmal
Wien Fluss
J.-Strauß-Denkmal
Kursalon
Am Stadtpark
Johannesg.
Kantg.
Christinen-g.
Schwarzenbergstr.
Schellingg.
Hegelg.
Fichteg.
Walfischg.
Schubertring
Kärntner Ring
Beethovenplatz
Am Heumarkt
Reisnerstraße
Beatrixg.
Rechte Bahngasse
Linke Bahngasse
Münzg.
Ungargasse
Baumannstr.
Beatrixgasse
Gärtnerg.
Seidlg.
Czapkag.
Weyrg.
Hauptstraße
Sechskrügelg.
Rochusgasse
Pauluskirche
Charasg.
Neulinggasse
Riesg.
Engelsbergg.
Dapontег.
Pestalozzig.
Schwarzenbergplatz
Akademietheater
Konzerthaus
Lothringerstr.
Musikverein
Künstlerhaus
Karlsplatz
Wien Museum Karlsplatz
Karlskirche
Bösendorferstr.
Dumbastr.
Canovag.
Maderstr.
Brucknerstr.
Technikerstr.
Gußhausstraße
Mattiellistr.
Kreuzherreng.
Belvedere, 21er Haus
Lisztstr.
Daffingerstr.
Zaunerg.
Traungasse
Strohgasse
Gardekirche
Veithgasse
Marokanerg.
Lagergasse
Salesianerg.
Bayerng.
Grimmelshausengasse
Gottfried-Keller-Gasse
Neulinggasse
Beatrixstraße

Wien

Schnellverbindungen

Hauptbahnhof
Verkehrsmuseum
Predstaničné nám.
Pražská ul.
Šancová ul.
Katedrála svätého Šebastiána (6 km)
Hl. Kyrill und Method
Erzbischöfliches Sommerpalais (Sitz der slowakischen Regierung)
Nám. slobody
Námestie Slobody
Franziskanerkirche
Mirbachpalais
Jesuitenkirche
Altes Rathaus
Primatialpalast
Museum J. N. Hummel
Polizeimuseum
Grassalkovich-Palast
Medická záhrada
Americké nám.
Odborárske nám.
Floriánske nám.
Kollárovo nám.
Hodžovo nám.
ÚĽUV-Galerie
Staré mesto
Námestie 1. mája
Hl. Johannes von Matha (Trinitarierkirche)
Hurbanovo nám.
Nám. SNP
Michaelertor
St. Stephan
Kamenné nám.
Museum der jüdischen Kultur
Klarissenkirche
Františkánske nám.
Hlavné nám.
Primaciálne námestie
Elisabethenkirche
Haus zum guten Hirten
Museum der Kunsthandwerke
Academia Istropolitana
Pálffy-Palast
Slowakisches National-theater
Burg
Martinsdom
Hviezdoslavovo nám.
Reduta-Palast
Slowakisches Nationaltheater
Šafárikovo nám.
Rudnayovo nám.
Rybné nám.
Sigismundtor
Vodný vrch
Slowakisches Nationalmuseum
Eurovea
Burg Devín (13 km)
Nábr. arm. gen. Ludvíka Svobodu
Most SNP (Nový most)
Rázusovo nábrežie
Nám. L'. Štúra
Slowakische Nationalgalerie
Fajnorovo nábr.
Passagierhafen
Starý most
Danubiana Meulensteen Art Museum (15 km)
Donau (Dunaj)
N
0
800 m
Bratislava

Budapest
Zentrum
UNESCO-Welterbe
0
500 m
N
ÓBUDA
1
2
Lukács-Gyógyfürdő
3
Gül Baba türbéje
Margitsziget
Margit híd
Margit híd
Margitbrücke
Margit krt.
Bem J. tér
4 Öntödei Múzeum
Király- 5 Gyógyfürdő
Vitéz u.
Fő u.
Bem rkp.
Duna
Széchenyi rkp.
Újpesti rkp.
Szt. István krt.
Vígszínház
Lipótváros
Nyugati pályaudvar
Nyugati pályaudvar
Westbahnhof
Nyugati tér
Balzac u.
Radnóti Miklós u.
Pannónia u.
Katona József u.
Hegedűs Gyula u.
Kresz Géza u.
Victor Hugó u.
Váci út
Lehel tér
Lehel út
Lehel tér
Szabolcs u.
Ferdinánd híd
Podmaniczky u.
Bajza u.
Szondi u.
Szinyei Merse u.
Kmety Gy.
Rózsa u.
Izabella u.
Vörösmarty u.
Aradi u.
Kodály körönd
Terézváros
Teréz krt.
Jókai u.
Vörösmarty u.
Terror Háza Múzeum 33
34
35
Andrássy út
Liszt Ferenc Emlékmúzeum
Oktogon
Liszt Ferenc tér
Nagymező u.
Operett
Operaház 32
Opera
Balett Intézet
Andrássy út
Vízi-város
Batthyány tér
Batthyány tér
Donáti u.
6 Szt. Anna templom
7 Zenetörténeti Múzeum
Halászbástya 8
9 Mátyás templom
Corvin tér
Ferenc u.
Bem rkp.
Fő u.
Néprajzi Múzeum 30
Marko u.
Alkotmány u.
Országház 29
Kossuth L. tér
Kossuth Lajos tér
Akadémia u.
Schuhe am Donauufer
Cipők a Duna
Szabadság tér
Nádor u.
Magyar Televízió
Nemzeti Bank
Zsilinszky út
Bajcsy-Zsilinszky út
Arany J. u.
Széchenyi u.
Magyar Tudományos Akadémia
Szt. István Bazilika 31
Gresham Palace
Széchenyi tér
Danubius-kút
Erzsébet tér
Bajcsy-Zsilinszky út
Klauzál tér
Dob u.
Nagy Diófa u.
Akácfa u.
Kertész u.
Erzsébet krt.
Dob u.
Blaha Luj
Várszínház 10
Dísz tér
Clark Ádám tér
Lánchíd
Kettenbrücke
Széchenyi Lánchíd
11
Sikló
Budavári palota
12
13
Lánchíd u.
József Attila u.
Belgrád rkp.
Apáczai Cs. János u.
Vörösmarty tér
48 Földalatti Vasúti Múzeum
Deák Ferenc tér
Deák Ferenc u.
28 Evangélikus Országos Múzeum
Dohány utca Zsinagóga 27
Dohány u.
Rákóczi út
Rókus kápolna
Somogyi B. u.
26 Központi városháza
Károly krt.
Városház u.
Astoria
Vörösmarty tér
Vigadó tér
Vörösmarty Mihály szobra
Váci u.
Budapesti Történeti Múzeum
Groza Péter
Ybl M. tér
Dózsa Gy. tér
Várfalja u.
Krisztina
Belváros
Contra-Aquincum
Ferenciek tere
Kossuth L. u.
Múzeum krt.
23
24 Ferences templom
Belvárosi templom 25
Rákócz
Brády Sándor u.
Magyar Nemzeti Múzeum 22
Petőfi Irodalmi Múzeum
Egyetemi templom
Szerb templom
Semmelweis Múzeum
Döbrentei u.
Tabáni templom
Tabán
Döbrentei tér
rkp.
Rác Gyógyfürdő
14
Erzsébet híd
Elisabethenbrücke
Erzsébet királyné szobra
Hegyalja út
Szt. Gellért 15
16 Rudas Gyógyfürdő
Szt. Gellért rkp.
Molnár u.
Váci u.
Szerb u.
Belgrád rakpart
Kálvin tér
Üllői út
Baross u.
Mária u.
BUDA
Szirtes út
Citadella 17
Szabadság-szobor
Gellért-hegy 235 m
Gellérthegy
Freiheitsbrücke
Szabadság híd
Vámház krt.
Nagy 19 vásárcsarnok
Iparművészeti Múzeum
20
Corvin-negyed
Fővám tér
Mátyás
Lónyay u.
Ráday u.
Kinizsi u.
Közraktár u.
Bakáts tér
Ferenc krt.
Duna
Szent Gellért tér
Szent Gellért tér
Gellért fürdő 18

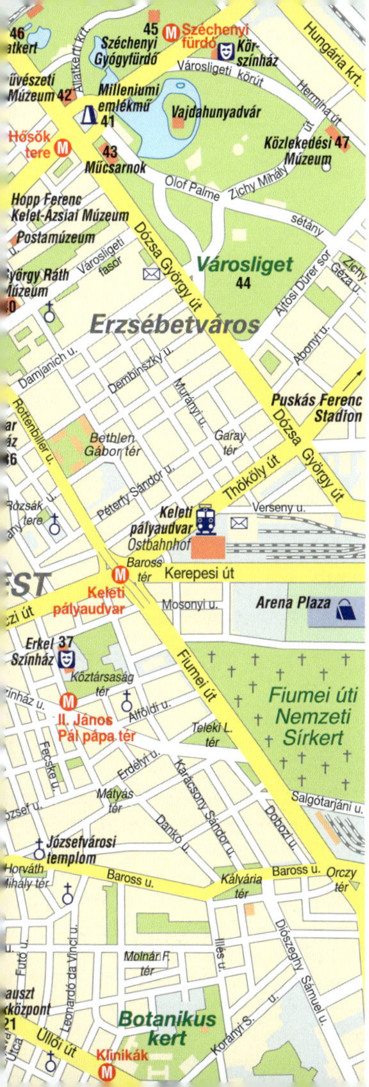

ÓBUDA

1 Vasarely-, Imre Varga Museum Aquincum

BUDA

2 Lukasbad
3 Grabmal des Gül Baba
4 Museum der Eisengießerei
5 Királybad
6 St. Annakirche
7 Museum für Musikgeschichte
8 Fischerbastei
9 Matthiaskirche
10 Schlosstheater
11 Standseilbahn
12 Schloss Budapest
13 Historisches Museum/Nationalgalerie
14 Königin-Elisabeth-Denkmal
15 Gellért-Denkmal
16 Rudasbad
17 Zitadelle mit Freiheitsstatue
18 Gellértbad

PEST

19 Markthalle
20 Kunstgewerbemuseum
21 Holocaust-Gedenkstätte
22 Ungarisches Nationalmuseum
23 Universität
24 Franziskanerkirche
25 Innerstädtische Pfarrkirche
26 Rathaus
27 Synagoge und Jüdisches Museum
28 Evangelisches Landesmuseum
29 Parlament
30 Ethnografisches Museum
31 Basilika St. Stephan
32 Staatsoper
33 Haus des Terrors
34 Franz Liszt Museum
35 Puppentheater
36 Magyar-Theater
37 Erkel-Theater
38 Kodály Emlek Museum
39 Museum Asiatischer Kunst
40 Museum Chinesischer Kunst
41 Heldenplatz mit Millenniumssäule
42 Museum für Bildende Kunst
43 Kunsthalle Műcsarnok
44 Stadtpark Varosliget
45 Szechenyibad
46 Zoo
47 Transportmuseum
48 U-Bahn-Museum

Dunav
1 Saborna crkva
2 Partijaršija
3 Konak kneginje Ljubice
4 Muzej primenjene umetnosti
5 Muzej grada Beograda
N
0
500 m
Veliko ratno ostrvo
Sportski centar
Dorćol
Dunavska
Dunavski kej
Nebojša kula
Bulevar Vojvode Bojovića
Solunska
Visokog Stevana
Dubrovačka
Dunavska
Zoološki vrt
Kalemegdan
Šeih-Mustafino turbe
Stari
Cara Dušana
Kapetan Mišina
Kneginje Ljubice
Bajrakli džamija
Jevrejski muzej
Etnografski muzej
Strahinića Bana
Đorđa Klemansoa
Dunavska
Muzej savremene umetnosti
Pariska
Kralja Petra
Knez Mihailova
Prirodno-matematički fakultet
Studentski trg
Džordža Vašingtona
Đure Đakovića
Skadarlija
Dunavski trg.
Cvijićeva
Knez Miletina
Narodno pozorište
Francuska
Skadarska
Grad
Park prijateljstva
Varoš Kapija
Narodni muzej
Trg Republike
Bulevar Despota Stefana
Botanička bašta
Majedonska
Hilendarska
Dečanska
Terazije
27. Marta
Takovska
Stojana Novakovića
Cvijićeva
Brankov most
Brankova
Prizrenska
Karađorđeva
Kraljice
Gavrila Principa
Svetogorska
Savezna narodna skupština
PTT muzej
Dušina
Palilula
Trg Nikole Pašića
Pionirski Park
Crkva svetog Marka na Tašmajdanu
Stari Savski Môst
Sadika Ramiza
Z. St. Beograd
Savski trg
Natalije
Balkanska
Kralja Milana
Bulevar
Tašmajdan
Kneza Danila
Starine Novaka
Kraljice Marije
Cvijićeva
Ruzveltova
Brodarska
Sava
Železnički muzej
K. Miloša
Krunska
Tehnički fakultet
Kralja Aleksandra
Savski Venac
Nemanjina
S. Markovića
Beogradska
Krunska
Aerodrom "Nikola Tesla" Beograd
(15 km)
Savska
Resavska
Trg Slavija
Primodnjački muzej
Molerova
Vračar
Sarajevska
Kneza Miloša
Miloša Pocerca
S. Markovića
Mekenzijeva
Njegoševa
Mileševska
Požarevačka
Resavska
Bulevar oslobođenja
Pasterova
Biblioteka Srbije
Neimar
Cara Nikolaja II
Medicinske klinike
Medicinski stomatološki i farmaceutski fakultet
Hram svetog Save
Bulevar Vojvode Mišića
Nebojšina
Stojana Protića
Filipa Filipovića
Ada Ciganlija, Most na Adi
Šumatovačka
Šumatovačka
E75
M1
Maksima Gorkog
P. Kočića
Veterinarski fakultet
23
Stadion FK Crvena Zvezda
(1.2 km)
Topčider
(4 km)
Belgrad

Constanța
(Konstanza)
Schwarzes Meer
N
0
200 m
Mamaia, Delfinariu
Str. Mihai Eminescu
Tulcea/Donaudelta
Babadag,
Histria,
Bukarest,
Aeroportul Internațional Mihail Kogălniceanu Constanța (24 km),
Teatrul Național
Plaja Modern
Strada Lebedei
Portul turistic Tomis
Str. Cuza Vodă
Str. Mircea cel Bătrân
Str. M. Kogălniceanu
Muzeul de Artă
Bul. Ferdinand
Agenția ONT
Str. Dragoș Vodă
Str. Negru Vodă
Tomis
Biserica greacă
Karatzali
Primăria Municipiului Constanța
Str. V. Alecsandri
Str. Callatis
Muzeul de Artă Populară
Str. Sulmona
Str. Marcus Aurelius
Strada Lebedei
Str. Traian
Bul. Tomis
Geamia Hunchiar
Muzeul Marinei Române
Str. Petru Rareș
Traian
Piața Ovidiu
Muzeul de Istorie Națională și Arheologie
Statuia lui Publius Ovidius Naso
Eforie-Nord (15 km),
Eforie-Süd (20 km),
Neptun (40 km),
Mangalia (45 km)
Str. Vasile Canarache
Strada Termele Romane
Str. Revoluției
Strada Lebedei
Edificiul Roman cu Mozaic
Marea Moschee
Str. Dianei
Str. 9 Mai
Str. Arhi-episcopiei
Parcul Carol I
Str. Nicolae Titulescu
Str. Remus Opreanu
din 22 Dec.
Biserica Romano-Catolică Sf. Anton
Str. Cristea Georgescu
Farul Genovez
Str. Ovidiu
Str. Cantacuzino
Str. Luntrei
Str. Grigore Tocilescu
Statuia Mihai Eminescu
Catedrala Ortodoxa Sf. Petru și Pavel
Muzeul Ion Jalea
Bul. Regina Elisabeta
Acvariul
Strada Termele Romane
Gara Maritimă
Cazinoul
Grupul pescarilor
Cruise Terminal
Portul Constanța

Calea Griviței
Gara de Nord
Gara de Nord
Str. Fluviului
B-dul Duca
B-dul A. I. Cuza
Str. Sevastopol
Piața Victoriei, Parcul Herăstrău
Casa Dissescu
Str. Frumoasă
Muzeul Național George Enescu
Observatorul Astronomic
Str. Polizu
Str. Occidentului
Str. Sfânții Voievozi
Calea Victoriei
Academia Română
Muzeul Literaturii Române
Bulevardul Dinicu Golescu
Str. Gării de Nord
Piața H. Botescu (Matache)
Calea Griviței
Muzeul Colecțiilor de Artă
Palatul CFR
Palatul Știrbei
Calea Plevnei
Str. Vespasian
Str. Witing
Str. Vulcănescu
Str. Mircea
Str. Berzei
Str. Popa Tatu
Str. Luigi Cazzavillan
Str. Berthelot
Catedrala Sfântul Iosif
Str. General
Biserica Popa Tatu
Str. Știrbei Vodă
Str. Stahi
Str.
Str. Virgiliu
Str. Știrbei Vodă
Calea Plevnei
Str. Berzei
Str. Cobălescu
B-dul Schitu Măgureanu
Grădina Cișmigiu
Splaiul Independenței
Str. C. Noica
Grădina Botanică
Splaiul Independenței
Parcul Operei
Opera Națională București
Str. Sf. Constantin
Cal. Plevnei
Str. V. Pârvan
Str. Dr.
Eroilor
Palatul Cotroceni, Muzeul Cotroceni
B-dul M. Kogălniceanu
B-dul Regina Elisabeta
Primăria Municipiului București
B-dul Eroilor Sanitari
Piața Operei
Splaiul Independenței
Izvor
Carol
Biserica Sfântul Elefterie Vechi
Elefterie
Biserica Sf. Elefterie Nou
Dâmbovița
Splaiul Independenței
Str. Sf.
B-dul Eroilor
Str. B. P. Hasdeu
Parcul Izvor
Biserica Mihai Vodă
Piața Eroilor
B-dul Națiunile Unite
Piața Națiunile Unite
Str. Dr. Herescu
Strada Izvor
Str. Prof. Dr. Alex. Vitzu
Bulevardul Libertății
Muzeul Național de Artă Contemporana
Palatul Parlamentului
Piața Constituției
B-dul Șoseaua Panduri
N
Str. Iovita
Calea 13 Septembrie
Calea 13 Sept.
0
500 m
Cimitirul Civil și Militar Ghencea
1 Biserica Albă
2 Ateneul Român
3 Muzeul National de Artă (Palatul Regal)
4 Sala Palatului
5 Memorialul Renașterii
6 Biserica Crețúlescu
7 Universitatea de Arhitectură și Urbanism "Ion Mincu"
8 Pasajul Macca-Villacrosse
9 Caru´cu Bere
10 Biserica Sf. Nicolae
11 Librăria Cărturești Carusel
12 Palatul C.E.C.
13 Biserica Stavropoleos
14 Muzeul Național de Istorie a României

Bukarest
Zentrum
Aeroportul Băneasa (8.5 km)
Aeroportul Internațional Henri Coandă (16.5 km)
Bulevardul Dacia
B-dul Dacia
Piața Romană
Piața Lahovari
Piața Galați
Palatul Ghica Tei
Biblioteca Francesă
Teatrul Nottara
Biserica Anglicană
Str. Mihai Eminescu
Calea Dorobanților
Câderea Bastiliei
Str. Polonă
Str. Dumbrava Roșie
Str. Vasile Lascăr
Str. Viitorului
Str. Icoanei
Str. Tunari
Str. Verona
Str. Maria Rosetti
Str. Popa Petre
Str. Oltarului
Str. S. Silvestru
Str. Traian
Calea Moșilor
B-dul Gen. G. Magheru
Str. G. Enescu
Str. N. Golescu
Str. C. A. Rosetti
Str. Masaryk
Str. Dionisie Lupu
Str. J. L. Calderon
Str. Tudor Arghezi
Str. Batiștei
Str. Popa Rusu
Str. Armenească
Str. Spătarului
B-dul N. Bălcescu
Muzeul Aman
Biblioteca Centrală Universitară
Biserica Italiană
Piața Revoluției
Casa Melik
Muzeul Pompierilor
B-dul Ferdinand I
B-dul P. Protopopescu
Biserica Armenească
Teatrul Național Ion Luca Caragiale
Universitate
Universitatea
Piața Universității
Piața C. A. Rosetti
B-dul Carol I
Calea Moșilor
Str. D. Racoviță
Str. Plantelor
Str. Burghelea
Biserica cu Sfânti
Palatul Telefoanelor
Calea Victoriei
B-dul Elisabeta
Muzeul Municipiului
Biserica Colțea
Biserica Rusă
Str. Hristo Botev
Str. Negustori
Strada Mântuleasa
Str. Popa Soare
Piața Sfânt Ștefan
Str. Romulus
Calea Călărașilor
Piața Corneliu Coposu
Biserica Sfântul Gheorghe-Nou
Str. Doamnei
Str. Ion Ghica
Str. Smârdan
Str. Lipscani
Lipscani
Str. Stavropoleos
Biserica Curtea Veche
Str. Franceză
C. Brătianu
Templul Coral
Bulevardul Corneliu Coposu
Biserica Sfântul Nicolae
Biserica Lucaci
Str. V. Lucaciu
Str. Matei Basarab
Sinagoga Mare
Teatrul Evreiesc De Stat
Hanul lui Manuc
Str. Halelor
Independenței
Palatul de Justiție
Parcul Tribunalului
Biserica Domnița Bălașa
Parcul Unirii
Piața Unirii 2
Piața Unirii
Piața Unirii 1
Biserica Sfânta Vineri Nouă
Muzeul de Istorie al Comunităților Evreiești
Tribunalul București
Str. Mircea Vodă
Str. A. Pann
Str. Maximilian Popper
Str. Parfumului
Str. Vulturilor
Nerva Traian
Bulevardul Unirii
Dâmbovița
B-dul Regina Maria
Catedrala Patriarhală
Biserica Sf. Nicolae-Vlădica
Parcul Carol I
Calea Șerban Vodă
Bulevardul D. Cantemir
Str. Radu Vodă
Mănăstirea Radu Vodă
Biblioteca Națională
Biserica Bucur
B-dul Octavian Goga
Strada
1
2
3
5
6
7
8
9
10
11
12
13
14

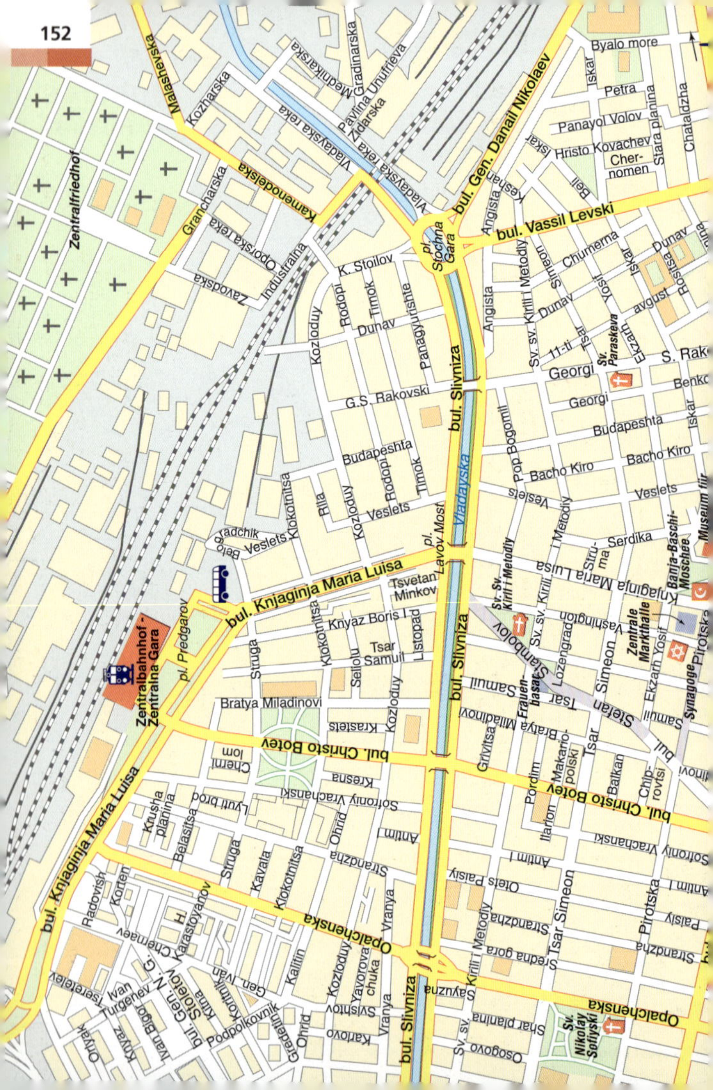
Malashevska
Kozharska
Mednikarska
Gradinarska
Pavlina Unufrieva
Zidarska
Vladayska reka
Byalo more
Iskar
Petra
Panayot Volov
Stara planina
Chataldzha
Hristo Kovachev
Cher-
nomen
Beli
Keshan
bul. Gen. Danail Nikolaev
Kamenodelska
Grancharska
Oporska reka
Zentralfriedhof
Zavodska
Industrialna
K. Stoilov
pl. Stochna Gara
Angista
bul. Vassil Levski
Kirili i Metody
Simeon
Chumerna
Dunav
Iskar
Rositsa
Yosif
avgust
Rodopi
Timok
Kozloduy
Dunav
Panagyurishte
Sv. sv. Kirili i Metody
11-ti
Tsar
Sv. Paraskeva
Ekzarh
S. Rak
Georgi
Georgi
Benko
G.S. Rakovski
bul. Slivniza
Pop Bogomil
Budapeshta
Budapeshta
Iskar
Bacho Kiro
Bacho Kiro
Vladayska
Rodopi
Timok
Veslets
Veslets
Klokotnitsa
Rila
Kozloduy
Veslets
I Metodiy
Museum für
Belogradchik
Veslets
pl. Lavov Most
Stru-
ma
Serdika
Banja-Baschi-Moschee
Knjaginja Maria Luisa
bul. Knjaginja Maria Luisa
Tsvetan
Minkov
Sv. Sv. Kirili i Metodiy
Sv. sv. Kiril
Knyaz Boris I
Vashington
Zentrale Markthalle
Klokotnitsa
Listopad
Tsar
Samuil
Zentralbahnhof - Zentralna Gara
pl. Predgarov
Struga
Seliolu
Kozloduy
Stambolov
Frauen-
basar
Lozengrad
Simeon
Ekzarh Yosif
Synagoge
Pirotska
Samuil
Tsar
Stefan
Bratya Miladinovi
Krastelets
bul. Slivniza
Bratya Miladinovi
Makario-
polski
Samuil
bul. Christo Botev
Cherni
lom
Grivitsa
Tsar
Balkan
Chip-
rovtsi
Kresna
Pordim
Ilarion
bul. Christo Botev
bul. Knjaginja Maria Luisa
Krusha planina
Lyuti brod
Sofroniy Vrachanski
Belasitsa
Ohrid
Antim I
Sofroniy Vrachanski
Antim I
Struga
Kavata
Klokotnitsa
Strandzha
Otets Paisiy
Antim I
Radovish
Korten
Karastoyanov
Vranya
Kirili i Metody
Tsar Simeon
Pirotska
Paisiy
Opalchenska
Strandzha
Strandzha
N. G.
Chernaev
bul. Gen. Stoletov
Kalitin
Gen. Ivan
Kozloduy
Yavorova
chuka
Sredna gora
Sv. sv.
Sayuzna
Tseretelev
Ivan Turgenev
Ivan Bigor
Kitka
Kotlina
Podpolkovnik
Gradetin
Ohrid
Svishtov
Vranya
bul. Slivniza
Shar planina
Sv. Nikolay Sofiyski
Opalchenska
Osogovo
Ortyak
Knyaz

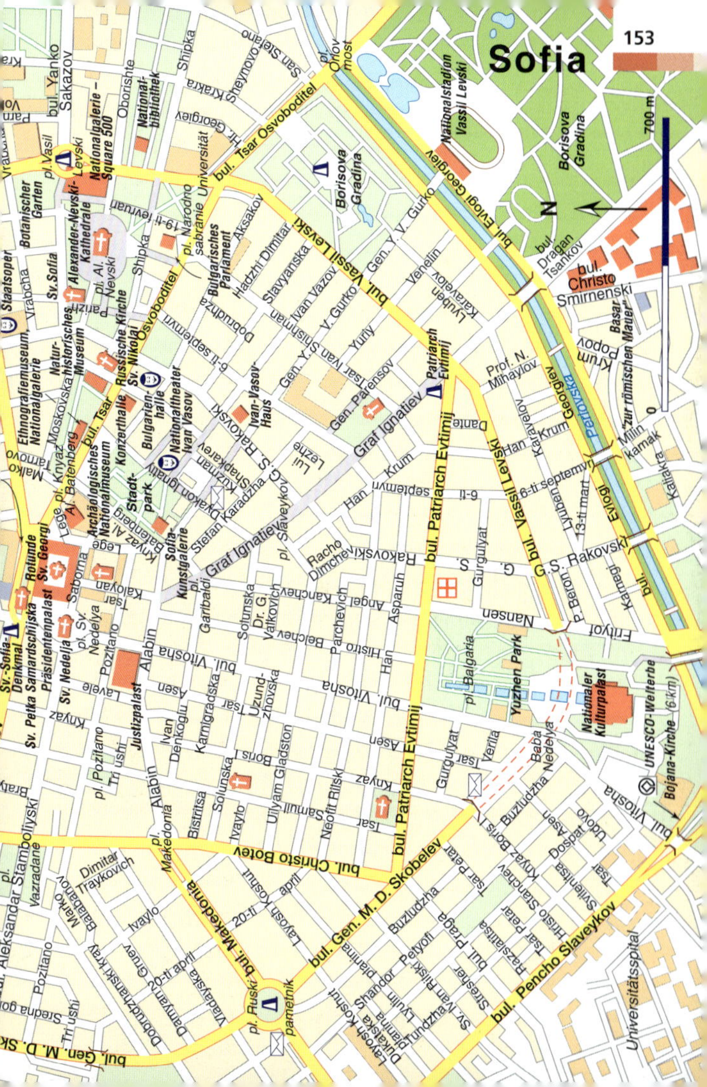
Sofia
700 m
0
N
Nationalstadion Vassil Levski
Borisova Gradina
bul. Evlogi Georgiev
bul. Tsar Osvoboditel
bul. Vassil Levski
bul. Patriarch Evtimij
Graf Ignatiev
bul. Vitosha
bul. Christo Botev
bul. Gen. M. D. Skobelev
bul. Makedonia
bul. Pencho Slaveykov
bul. Aleksandar Stamboliyski
bul. Dragan Tsankov
bul. Christo Smirnenski
Perlovska
pl. Orlov most
pl. Vasil Levski
Nationalgalerie – Square 500
Nationalbibliothek
Universität
Alexander-Nevski-Kathedrale
pl. Al. Nevski
Sv. Sofia
Botanischer Garten
Staatsoper
Russische Kirche Sv. Nikolai
pl. Narodno sabranie
Bulgarisches Parlament
Naturhistorisches Museum
Ethnografiemuseum, Nationalgalerie
Konzerthalle Bulgarienhalle
Nationaltheater Ivan Vasov
Ivan-Vasov-Haus
Archäologisches Nationalmuseum
Stadtpark
Sofia-Kunstgalerie
Rotunde Sv. Georgi
Präsidentenpalast
Sv.-Sofia-Denkmal
Sv. Petka Samardschijska
Sv. Nedelja
pl. Sv. Nedelya
Justizpalast
Yuzhen Park
Nationaler Kulturpalast
UNESCO-Welterbe Bojana-Kirche (6 km)
"Zur römischen Mauer" Basar
Universitätsspital
pl. Makedonia
pl. Ruski pametnik
pl. Slaveykov
pl. Bulgaria
pl. Garibaldi
pl. Vazrazdane
Gen. Parensov
Gen. Y. V. Gurko
Shipka
Oborishte
Moskovska
Tsar Kaloyan
Saborna
Knyaz Al. Batenberg
Lege
Alabin
Pozitano
Lavele
Solunska
Rakovski
Neofit Rilski
Tsar Asen
Knyaz Boris I
Han Krum
6-ti septemvri
Tsar Shishman
Ivan Vazov
Slavyanska
Aksakov
Dobrudzha
Yanko Sakazov
San Stefano
Krakra
Veliko Tarnovo
Dondukov
Frityof Nansen

Die folgenden Orte und Namen sind in alphabetischer Reihenfolge aufgeführt. Die Angaben in Klammern sind Länderkürzel: Bulgarien (BG), Deutschland (DE), Kroatien (HR), Österreich (AT), Rumänien (RO), Serbien (RS), Slowakei (SK), Ukraine (UA) und Ungarn (HU).

Redaktion
JPM Publications S.A.

Konzept
Karin Palazzolo

Gestaltung
Luc Malherbe

Fotos
S. 1: istockphoto.com/porojnicu
S. 2: istockphoto.com/Stelian (Donaudelta); corbis.com (Pelikane)

Kartografie
JPM Publications S.A.,
Mathieu Germay
Jonathan Reymond

Avenue William-Fraisse 12
1006 Lausanne, Schweiz
information@jpmguides.com
www.jpmguides.com

Printed in Germany
12183.02.21011
Ausgabe 2017